Emma Jane Kirby

Der Optiker von Lampedusa

EMMA JANE KIRBY

# DER OPTIKER VON LAMPEDUSA

*Die Geschichte einer Rettung*

Aus dem Englischen von
Paulina Abzieher
und Hans-Christian Oeser

BERLIN VERLAG

MIX
Papier aus verantwortungsvollen Quellen
FSC® C014496
www.fsc.org

Die Originalausgabe erschien 2016 unter dem Titel
*The Optician of Lampedusa* bei Penguin Books, London.

ISBN 978-3-8270-1346-0

Satz: Kösel Media GmbH, Krugzell
Druck und Bindung: GGP Media GmbH, Pößneck

Für meine Eltern und für Denis

# PROLOG

Ich weiß nicht, wie ich Ihnen beschreiben soll, was ich sah, als sich unser Boot der Quelle jenes schrecklichen Geräuschs näherte. Ich will es gar nicht beschreiben. Sie werden es nicht verstehen, weil Sie nicht dabei waren. Sie können es nicht verstehen. Ich glaubte nämlich, das Kreischen von Möwen gehört zu haben. Von Möwen, die sich um einen glücklichen Fang raufen. Von Vögeln. Einfach nur Vögeln.

Schließlich befanden wir uns auf offener See. Es konnte gar nichts anderes sein.

Noch nie hatte ich so viele Menschen im Wasser gesehen. Strampelnde Gliedmaßen, ausgestreckte Hände, schlagende Fäuste, schwarze Gesichter, die erst über, dann unter den Wellen aufblitzten. Schnaufen, Geschrei, Prusten, Gebrüll. Mein Gott, dieses Gebrüll! In den höchsten Tönen! Das Meer kochte und bebte, als sie um sich traten und um sich schlugen, als sie sich aneinanderkrallten, nach Treibholz griffen und bei dem Versuch, sich an Sturzwellen festzuklammern, nur eine Handvoll Wasser erhaschten. In rasender Verzweiflung sandten sie gellende Rufe nach uns aus und bemühten sich, die Aufmerksamkeit unseres kleinen Boots auf sich zu lenken. Und sie waren überallhin versprengt – wohin ich den Kopf auch wandte, erblickte ich sie, Hunderte von ihnen, wie sie tauchten, spuckten, flehten, einen hochgereckten Arm, der ins Wasser klatschte. Und während sich die Schiffsschraube schwerfällig einen Zickzackweg zwischen den Körpern hindurch bahnte, schluchzte meine Frau immer wieder meinen Namen.

Sie alle waren am Ertrinken. Ich dachte: Wie kann ich sie alle retten?

Ich spüre noch immer die Finger der ersten Hand, die ich ergriff. Wie sie sich in meine zementierten, Knochen, die an Knochen rieben, wie sie sich mit so eisernem Griff festkrampften, dass ich die sehnigen Adern des Handgelenks pulsieren sah. Die Kraft dieses Griffs! Meine Hand in der Hand eines Fremden, ein stärkeres und innigeres Band als jede Nabelschnur. Und wie dank der Kraft dieses Griffs mein ganzer Körper zitterte, als ich die Hand hinaufzog und den nackten Oberkörper den Wellen entriss.

Es sind zu viele. Zu viele, und ich weiß nicht, wie ich es bewerkstelligen soll. Ich bin Optiker; ich bin kein Lebensretter. Ich bin Optiker, und ich bin im Urlaub, und ich weiß nicht, wie ich es bewerkstelligen soll.

Ich werfe den Rettungsring aus, aber wie Wrackteile sind die Menschen in einem Umkreis von fünfhundert Metern verstreut, und sie alle rufen nach uns. Wieder und wieder beuge ich mich über den Hecktritt, doch so viele Hände schießen aus den Wellen hervor, so viele Hände greifen nach Luft. Meine Finger verschränken sich mit Fingern, und ich ziehe.

Sinken wir? Inzwischen liegt das Boot tief im Wasser. Jemand brüllt mir etwas zu, aber ich kann nicht innehalten und zuhören. Es sind zu viele Hände. Das Deck ist vollgestopft mit schwarzen Körpern, die sich übereinander erbrechen und entleeren. Ich spüre, wie das Boot unter dem

Gewicht protestiert, wie es schlingert, wie es kurz davor ist zu kentern. Ich weiß, dass das Boot außer Kontrolle geraten ist.

Dort drüben! Noch eine Hand!

Ich wollte Ihnen diese Geschichte nie erzählen. Ich hatte mir geschworen, diese Geschichte nie wieder zu erzählen, weil sie kein Märchen ist. Es waren einfach zu viele. Ich wollte zurück, um nach ihnen zu suchen. Ich wollte zurück.

Verstehen Sie, was ich Ihnen sagen möchte? Vielleicht können Sie es nicht verstehen, weil Sie nicht in dem Boot waren. Aber ich war dort, und ich habe sie gesehen. Ich sehe sie noch immer. Weil es noch immer geschieht.

# 1.

Der Optiker von Lampedusa joggt. Bei jedem Auftritt steigen von der rissigen Straße kleine Staubwölkchen hoch, und die winzigen Partikel wirbeln in einem feinen rostfarbenen Schleier um seine Knie. Heute geht nur ein leichter Wind, selbst auf der Küstenstraße; in trockenen, unregelmäßigen Stößen umweht er das Gesicht des Optikers, und dieser kann im salzigen Hauch des Windes den scharfen Geruch des Meers riechen. In der sengenden Herbstsonne ist es fast zu heiß, um zu joggen, aber er drängt voran, und der Staub, der sich mit seinem Schweiß vermischt, klebt ihm in Klumpen an den Beinen. Von irgendwoher, vielleicht vom Hafen am Ende der Stadt, hört er einen Hund jaulen. Zu jeder Tages- oder Nachtzeit, denkt er, kann man auf dieser Insel einen streunenden Hund kläffen hören.

Eigentlich ist die Insel eher Afrika als Italien. Hier beim Joggen, weit weg von den Gelato- und Cappuccino-Bars und den Souvenirläden der kleinen Stadt, kann man sich gut vorstellen, in Afrika zu sein, vor allem, wenn man an einem kleinen trockengemauerten Dammuso mit weiß getünchtem Dach vorbeikommt. Er kneift die Augen zusammen. Von hier aus kann man beinahe die afrikanische Küste erkennen. Tunesien, Lampedusas nächster Nachbar, ist zweimal so nah wie Sizilien.

Fünfundzwanzig Jahre lebt er nun schon in dieser trockenen, dürren Landschaft. Seit fünfundzwanzig Jahren läuft er, von Dornen zerkratzt und von Schmutz verkrustet, durch dieses zerklüftete, ausgedörrte Buschland. Wie ruhig es hier ist im Vergleich zu dem aufgeregten Chaos seiner Geburtsstadt Neapel, doch bereut hat der Optiker es noch nie, seine weitläufige Stadt gegen die Einsamkeit dieser kleinen Insel eingetauscht zu haben. Sie mag nur zehn Quadratkilometer groß sein, etwa halb so groß wie Neapel, aber auf Lampedusa ist er auf allen Seiten vom Meer umgeben. Der Optiker braucht das Meer.

Als er jetzt die Pfade der Südküste entlangjoggt, blickt er aufs Wasser. Zersplittertes Kobaltblau und Türkisgrün, glatt und glänzend wie billiger Schmuck, und er weiß, würde er jetzt hineinspringen, wäre es noch immer einladend warm, obwohl es bereits der erste Tag im Oktober ist. Wenn er sich mit seiner Frau Teresa draußen auf dem Boot aufhält, beobachtet er Delfine, mitunter sogar Pottwale, die in den ruhigen Gewässern schwimmen. Oft schwimmen auch sie selbst vor der paradiesischen Spiaggia dei Conigli, wo der ausgebleichte Sand Hitze ausstrahlt und gelegentlich Schwärme von Papageienfischen pfeilschnell durch das gebrochene Licht der Bucht schießen und Farbtupfer auf die weiße Leinwand spritzen. Im Sommer suchen sich die seltenen Unechten Karettschildkröten diese Strände aus, um ihre Eier abzulegen. Seine Frau meint, es liege daran, dass die Natur erkennt: Mit allem, was an Land gespült wird, wird Lampedusa stets behutsam umgehen.

Die Füße des Optikers hämmern weiter. Von der Hitze pulsiert eine verknotete Ader über seinem rechten Ohr, und er kann ihr Pochen über seine Glatze bis in seinen Schädel hinein verfolgen. Er geht gern an seine Grenzen, muss spüren, wie sein Körper sich verausgabt. Schlank und fit war er schon immer. Vor Jahren hatte er die körperliche Disziplin des Militärdiensts genossen, und obwohl er inzwischen Ende fünfzig sein dürfte, vernachlässigt er sich nicht.

Ein Halbwüchsiger rast auf einer alten Vespa an ihm vorbei, der laute Motorlärm durchbricht die Stille seines Laufs. Der Optiker sieht zu, wie der Junge mit kreischenden Reifen und aufheulendem Motor ganz sinnlos Spuren in den Staub zeichnet. Für Jugendliche gibt es hier abends nur wenig zu tun – eine Handvoll Bars und Cafés, ein kleiner Klub mit einer Karaokeanlage. Seine Eltern hatten nicht gewollt, dass er sich nach dem Schulabgang in Neapel herumtrieb, sich langweilte und Ärger bekam. Sie hatten ihn auf eine Berufsfachschule für Schneider geschickt, wo er lernte, Maßanzüge anzufertigen. Mit seiner Maßgenauigkeit und seinem präzisen Schnitt hatte er sich bald einen Namen gemacht. Er muss lächeln. Er hatte gewusst, dass es ihn auf lange Sicht nicht wirklich befriedigen würde, hatte er doch den heimlichen Wunsch gehegt, Optiker zu werden. Eine seltsame Leidenschaft für einen jungen Mann, möchte man meinen, aber das Sehvermögen hat ihn schon immer fasziniert: wie und was Menschen sehen. Also hatte er neben der Schneiderei Optiker gelernt.

Eine kleine Gruppe afrikanischer Männer, die in die Stadt wollen, schlurft ihm entgegen. Im Vorbeilaufen winkt er ihnen zu, und im Gegenzug murmeln sie einen schüchternen Gruß. Er fragt sich, ob sie wohl an diesem Morgen auf der Insel angekommen sind – inzwischen wird er fast jeden Tag Zeuge, wie die Busse den Hafen verlassen, überladen mit frisch eingetroffenen Migranten. Diese treiben sich vor dem Supermarkt gegenüber seinem Geschäft herum, und er sieht, wie sie sich in Scharen um die Kirche drängen. Vielleicht ist der Teil Afrikas, aus dem sie stammen, besonders christlich? Seine Nachbarn sammeln Lebensmittel und andere Dinge für sie; irgendwer klappert immer mit der Spendenbüchse. An diesem Morgen war eine Frau, vermutlich von der Gemeinde, vorbeigekommen und hatte gefragt, ob er nicht alte Kleider oder Schuhe spenden wolle, aber er war gerade in Papierkram vertieft und hatte keine Zeit. Offenbar platzt das Flüchtlingslager wieder einmal aus allen Nähten; vielleicht ziehen sie es deshalb vor, auf der Insel umherzuwandern.

Verrückt, denkt er, dass sie alle hier auftauchen, wo dieses Land ihnen doch herzlich wenig zu bieten hat. In den vergangenen paar Jahren hatte es viele Momente gegeben, da er glaubte, sein Geschäft werde pleitegehen; wie viele schlaflose Nächte hatten er und Teresa deswegen schon gehabt? Er schnauft geräuschvoll. Alles, was er sich so mühsam erarbeitet hat, ist bedroht! Er spürt, wie sein Herz schneller schlägt, um mit seiner aufsteigenden Wut mitzuhalten. Immer wieder hatte die Stadtverwaltung die Gewerbesteuern erhöht, bis ihm vor lauter Steuern und Gebühren und Abgaben und Gott weiß was fast die Luft ausging. Es fühlt sich an, als werde er ständig von dem einen oder anderen Beamten gepiesackt und angeschnorrt.

Er läuft jetzt geradewegs der niedrigen Sonne entgegen, und sie zwingt ihn zum Wegschauen. Wenn er zwinkert, sieht er kleine bunte Funken, rot und golden und grün, und er hebt die Hand, um sich vor dem grellen Licht zu schützen. Er hätte eine Sonnenbrille tragen sollen. Das Licht blinkt und blitzt um seine Augen.

Natürlich macht er sich vor allem um seine beiden Söhne Gedanken. Er muss sicherstellen, dass sie versorgt sind, denn wie um alles in der Welt sie in dieser schrumpfenden Wirtschaft langfristige Arbeitsstellen finden sollen, ist ihm ein Rätsel. Beide sind aufgeweckte Jungen und tüchtige Arbeiter. Der ältere möchte seine eigene Firma gründen; er besitzt Unternehmergeist, aber natürlich birgt das ein Risiko. Sich selbstständig zu machen birgt immer ein Risiko, das weiß er nur allzu gut.

Aber er könnte sich nicht mehr vorstellen, für jemand anderen zu arbeiten; es wäre undenkbar. Sein Blick wandert von links nach rechts. Sein eigener Herr zu sein, sich seine Zeit selbst einzuteilen, seine eigene kleine Welt zu verwalten – das ist es, was ihm gefällt. Und keiner kann behaupten, dass er sich nicht anstrengt; unter der Woche arbeitet er hart, damit sein kleines Geschäft floriert, für seine Familie, und dann sein Lohn – er wirft einen weiteren Blick über die Schulter aufs Meer –, sein Lohn ist es, diese wunderschöne Natur seine Spielwiese nennen zu dürfen.

Die Möwen haben angefangen, aufgeregt zu kreischen, und als der Optiker aufblickt, sieht er, wie sie sich zu einem Schwarm vereinen und über der Küste kreisen. Er weiß, in der Hoffnung, ein paar Abfälle zu ergattern, warten sie darauf, dass der letzte Fischtrawler in den Hafen einfährt. Wenn er seinen Lauf zeitlich abstimmt, wird er rechtzeitig wieder im Hafen sein, um das Boot abzupassen und sich den besten Fang fürs Abendessen auszusuchen.

Er joggt an einigen jungen Afrikanern vorbei, die am Straßenrand kauern und an ihren Handys herumfummeln. Er nickt ihnen höflich zu, und sie sehen ihm neugierig nach, als er in seinem schweißgetränkten T-Shirt die Straße hinuntersprintet. Das Gestrüpp hinter ihnen ist mit bunten Plastikverpackungen und zerdrückten Getränkedosen übersät. Er kickt eine Dose an den Straßenrand. So viel Müll jetzt auf der Insel! In den Dornbüschen haben sich blaue Plastikfetzen verfangen, überall liegen alte Essenskartons herum.

Zwanzig Jahre zuvor, als er die Straßen der Insel noch ganz mühelos ablaufen konnte, entdeckte der Optiker von Lampedusa mitunter einen verängstigten Migranten, der die Felsen zu seinem Weg heraufkletterte. Fast immer war dieser allein und rief ihm auf Englisch zu: »Wo bin ich? Bin ich in Palermo? Habe ich Sizilien erreicht?«

Er schüttelt ungläubig den Kopf. Das scheint ewig her zu sein. Der Arabische Frühling hat alles verändert, und sie kommen nicht länger allein für sich. Jetzt treffen in stetigem Strom ganze Schiffsladungen ein – große Familien; auch Frauen und Kinder, die armen Dinger. Erst vor ein paar Jahren hatten die Zeitungen berichtet, Lampedusa habe mittlerweile mehr Migranten und Flüchtlinge als Einwohner! Er runzelt die Stirn. Besser, nicht zu viel darüber nachzudenken. Das Fernsehen, die Zeitungen; sie sind voll von Nachrichten über Migranten; es wird von nichts anderem mehr geredet. Erst neulich hieß es im Radio, vor der Küste Siziliens seien wieder einige ertrunken. Waren es sieben oder acht gewesen?

Er verlangsamt seinen Lauf, um eine magere Katze vor ihm die Straße überqueren zu lassen, und blickt ihr nach, wie sie sich in dem Dorngestrüpp versteckt. Natürlich war er eigentlich hierhergezogen, um allem zu entfliehen. Die Achtzigerjahre in Neapel waren ihm sinnentleert vorgekommen; hirnlose politische Streitereien, nichts Tiefgründiges, er hatte das Gefühl gehabt, die Orientierung zu verlieren. Diese kleine Insel jedoch war der perfekte Ort gewesen, um sich ein neues, ein sinnvolleres Leben aufzubauen. Unmöglich, sich in der Schönheit dieser Natur nicht aufgehoben zu fühlen. Die buttergelben Kalksteinklippen, die an ihrem Fuß idyllische Sandstrände bieten, und die harsche Wildnis im Norden der Insel, die er als Stärkung empfand.

Plötzlich hört er Gelächter, und vom Ufer vor ihm tauchen zwei Männer mittleren Alters auf, behängt mit Ferngläsern und teuer aussehenden Kameras. Sie sprechen Italienisch, aber er kann deutlich hören, dass sie nicht von der Insel stammen – Vogelbeobachter aus Mailand vermutlich; die meisten Touristen scheinen aus Mailand zu kommen. Sie sind aufgeregt und lebhaft, und der jüngere ruft ihm zu, sie hätten soeben eine seltene Watvogelart entdeckt. Der Optiker hat den Namen nicht verstanden. Er wendet sich landeinwärts.

Jetzt, wo die Saison vorbei ist, gibt es nur noch sehr wenige Touristen, aber es war schon den ganzen Sommer über ruhig gewesen. Migranten, denkt er, sind wohl kaum eine Touristenattraktion, und viele Urlauber haben die Sommerferien dieses Jahr statt auf Lampedusa auf Sardinien verbracht. Freunde im Hotel- und Gastgewerbe haben sich bei ihm über ihr sinkendes Einkommen beschwert. Zum Glück hängt sein eigenes Geschäft nicht vom Fremdenverkehr ab.

Am Eingang des Friedhofs steht ein grauhaariger Mann in einem hellblauen Poloshirt über eine Werkbank gebeugt und bohrt Löcher in Betonsteine. Die Betonsteine sprühen Funken, und der Optiker fragte sich, woran der Mann wohl so angespannt arbeitet. Die Kreuze auf den Schrägdächern der Mausoleen glitzern im frühabendlichen Licht.

Inzwischen ist er auf dem Heimweg und in guter Stimmung. Morgen wird er sich ein paar freie Tage gönnen und mit seiner Frau und einigen engen Freunden eine Bootsfahrt unternehmen. Es wird ihm guttun, ein bisschen abzuschalten, sich nicht mehr über die Buchhaltung und die Zukunft der beiden Jungen zu sorgen, die unermessliche Weite des offenen Meers mit all seinen Möglichkeiten vor sich zu sehen. Er blickt zum wolkenlosen Himmel auf, und seine dünnen Lippen verziehen sich zu einem Lächeln. Das Wetter sieht vielversprechend aus.

Sein Freund Francesco wird den Vormittag damit verbracht haben, die *Galata* zu reinigen und ihren königsblauen und ziegelroten Rumpf zu schrubben, um sie für die bevorstehende Ausfahrt aufzuhübschen. Er lächelt nachsichtig. Der gute alte Francesco! Was für Spaß sie über die Jahre auf diesem Boot gehabt haben! Francesco behandelt es, als wäre es kein herausgeputztes fünfzehn Meter langes hölzernes Fischerboot, sondern eine Luxusjacht. Das Ruderhaus ist stets makellos weiß gestrichen.

Beim Fischhändler am Hafen hat sich bereits eine kleine Schlange gebildet. Auf Blechen mit zerstoßenem Eis sieht er Blauflossenthunfische, rundbäuchige Goldsardinen und riesige, langschnäbelige Schwertfische ausliegen. Ein Arbeiter hilft dem letzten Fischer beim Entladen seines Fangs: Tintenfische von der Farbe eines Blutergusses, deren geleeartige violette Tentakel über den Kistenrand hängen.

Jetzt noch im Endspurt den Hügel hinauf und dann auf der Via Roma zu seiner kleinen Wohnung über dem Geschäft. Duschen. Zu seiner Linken, gestrandet auf einem riesigen Parkplatz, liegen die verstreuten Wracks der hölzernen Boote, die Migranten aus Libyen zur Insel gebracht haben. Sie sind unbeholfen auf die Seite gekippt, und die fröhliche Türkis- und Ochsenblutfarbe auf den rissigen Rümpfen hat Blasen geworfen.

Aber der Optiker hat andere Sorgen. In diesem Augenblick hat er Hunger, und er möchte duschen und am Hafen Sardinen für das Abendessen mit seiner Frau kaufen. Er muss seinen Freund Matteo anrufen, um zu besprechen, welche Vorräte für den Bootsausflug eingepackt werden müssen und wer für den Wein zuständig ist. Es dürfte eine lustige Fahrt werden, zu acht dort draußen auf dem Wasser.

Wäre, wie es auf Lampedusa so oft geschieht, in jener Nacht plötzlich ein starker Wind aufgekommen, der die kleinen Fischerboote gegen die Hafenmauer geworfen und das Meer aufgepeitscht hätte, dass es toste und tobte, vielleicht hätte der Optiker das kleine Freizeitboot seines Freundes niemals bestiegen und niemals abgelegt. Er hätte die Fahrt einfach verschoben und wäre mit seinen Freunden auf einen Aperitif in seine Stammbar gegangen, hernach vielleicht zum Abendessen in eines der örtlichen Restaurants. Er wäre enttäuscht, vielleicht verärgert gewesen, und am Morgen im Geschäft, wenn ihn einer seiner Kunden bei der Auswahl eines neuen Brillengestells höflich gefragt hätte, was er denn in letzter Zeit so getrieben habe, hätte er mit den Schultern gezuckt und freiheraus geantwortet, er habe nichts zu erzählen.

Doch der Wind blieb sanft. Und er legte ab.

## 2.

Als er im Geschäft ankam, sah er die Tür zu seiner Wohnung offen stehen. Das konnte er überhaupt nicht leiden. Er konnte es nicht leiden, wenn die Grenzen zwischen Arbeit und Privatleben verschwammen. Die Kunden waren furchtbar neugierig; sobald sie die Tür aufgehen und Teresa nach unten kommen hörten, verrenkten sie den Hals, um ins Innere zu spähen und herauszufinden, wie der Optiker und seine Frau wohnten. Es ärgerte ihn, wie fasziniert die Leute von privaten Lebensverhältnissen waren.

Er drückte die Tür fest zu und eilte die Treppe hinauf. Teresa saß im Wohnzimmer und blätterte in einer Zeitschrift.

»Die Tür hat schon wieder offen gestanden«, sagte er spitz. Sie lächelte abwesend und blickte kurz von ihrer Lektüre auf.

»Ach ja, Liebling?«, fragte sie und spielte mit den Strähnen ihres dichten blonden Haars. »Macht doch nichts.«

Das Wohnzimmer war von der Tagessonne aufgeheizt, und Teresa hatte das Fenster weit geöffnet. Die Seiten des Romans, in dem er gestern gelesen hatte, flatterten ein wenig in der sanften Brise, und er hob das Buch auf, strich es mit den Handflächen glatt und fuhr mit dem Daumen behutsam über seinen Rücken, bevor er es in das abgewetzte hölzerne Regal zurückstellte. Er hätte die Möbel gern möglichst bald erneuert; allmählich sah alles ein bisschen altmodisch aus, vor allem der gläserne Couchtisch, der völlig verkratzt war. Das grelle Licht ließ seine Mängel hervortreten; beim Anblick der beschädigten Glasfläche zuckte der Optiker zusammen.

Seine Frau hatte zu Recht darauf bestanden, dass der Maler, der im vergangenen Jahr das Geschäft renoviert hatte, auch hier oben streichen sollte. Die weißen Wände ließen die Wohnung sauberer und größer erscheinen, als sie war. Nicht, dass sie viele Möbel besaßen; zum Glück hatte Teresa dieselbe Einstellung zu unnötigem Gerümpel wie er.

»Ich dachte, fürs Abendessen könnte ich uns Sardinen besorgen«, sagte er, die Worte an den Hinterkopf seiner Frau gerichtet. »Ich habe das Boot einlaufen sehen.«

Teresa reckte den Hals, um ihn anzusehen, und rümpfte die Nase.

»Willst du denn nicht duschen, Liebling?«, antwortete sie.

Unter der Dusche dachte er darüber nach, was für den morgigen Ausflug einzupacken war. War seine apfelgrüne Badehose sauber? Die würde er lieber mitnehmen als die neue dunkelblaue, die sein jüngster Sohn ihm zum Geburtstag geschenkt hatte. Auf Booten ging leicht etwas kaputt. Bei der letzten Ausfahrt mit Francesco im Sommer hatte er seine Windjacke an der Tischkante in der Kajüte zerrissen; er hatte sie sorgfältig geflickt und die Tasche so vernäht, dass man den Riss nie vermuten würde, er selbst aber wusste, dass sie beschädigt war, und ärgerte sich jetzt noch darüber. Er achtete auf seine Sachen. Er würde das neue Paar Converse-Schuhe mitnehmen, das er auf dem Markt in Neapel gekauft hatte – natürlich ein Imitat; es wäre keine Tragödie, wenn sie Salzflecken abbekämen. Er lächelte in sich hinein. Sie hatten dieselbe dunkelgraue Farbe wie Matteos, hatten aber nur fünfzehn Euro gekostet, während Matteos Schuhe ihn um mehr als sechzig Euro ärmer gemacht hatten! Er konnte noch immer Matteos verdutztes Gesicht sehen, als er ihm vergangene Woche davon erzählt hatte. Sein Freund hatte sich gebückt, um die Schuhe zu begutachten, die Sohlen geprüft, mit Zeigefinger und Daumen die Baumwollzunge gerieben – und geflucht. Er musste kichern, während ihm das heiße Wasser den Rücken hinunterlief. Es hatte ihm Spaß gemacht, dem jungen Aufsteiger eins auszuwischen! Es war immer ein gutes Gefühl, Jüngeren den einen oder anderen Trick zu zeigen. Nicht, dass Matteo ein junger Hüpfer war, er hatte den vierzigsten Geburtstag bereits hinter sich; aber Matteo genoss es, ihn wegen seines bevorstehenden sechzigsten zu necken. Francesco nannte der Frechdachs doch tatsächlich »Opa«!

Er trocknete sich ab und betrachtete sich dabei im Spiegel. Man musste zugeben, für einen Mann Ende fünfzig sah er nicht übel aus. Kein Gramm überschüssiges Fett zu entdecken; sein Körper hatte sich geweigert, in mittleren Jahren einen Speckbauch zu entwickeln. Er ließ seine Brustmuskeln spielen und sah, wie die Sehnen sich spannten. Sich fit zu halten hatte nichts mit Eitelkeit zu tun. Er wollte sich nur nicht gehen lassen. Disziplin. Im Leben erreichte man nichts ohne Disziplin. Das hatte er seinen Söhnen wieder und wieder eingebläut, schon in ihrer frühen Jugend, als sie, Kopfhörer auf den Ohren, immer nur im Haus herumlungern wollten wie Zombies. Disziplin und verdammt harte Arbeit. Das braucht ihr, wenn ihr's zu was bringen wollt, hatte er seinen Jungen erklärt, aber die hatten nur die Augen verdreht und so getan, als würden sie vor Langeweile einschlafen. Er studierte einen Altersfleck auf seiner Stirnglatze. Wohlgemerkt, am Ende war die Botschaft dann doch irgendwie durch die Kopfhörer gedrungen. Auf beide war er stolz, richtig stolz. Er liebte es, Gabriele und Francesco von ihnen zu erzählen, ihnen die neuesten Fotos zu zeigen. Allerdings sah er sich vor, dass er nicht prahlerisch klang; Angeber kann niemand ausstehen. Er lächelte in den Spiegel. Er hatte gute Zähne.

Auf dem Bett lag eine kleine Segeltuchtasche; Teresa hatte ihre Sachen also bereits gepackt. Er musste sie unbedingt daran erinnern, eine Fleece-Jacke oder einen warmen Pullover mitzunehmen; zwar schien noch die Sonne, aber Anfang Oktober konnte der Wind launisch werden. Er selbst würde erst am Morgen packen. Er hatte es eilig, rechtzeitig zum Hafen zurückzugelangen, ehe sich jemand anderes die Sardinen unter den Nagel riss. Wenn auf dem Blech nur noch ein kleines Häufchen Sardinen auslag, kaufte er nie welche; er argwöhnte immer, dass der Fischhändler, wenn der Vorrat zur Neige ging, diesen mit den Überresten des Fangs vom Vortag streckte. Der Fischkauf war vornehmlich seine Aufgabe; Teresa schien es nie aufzufallen, wenn die Sardinen alt oder vertrocknet aussahen. Seine Frau glaubte wirklich jedem. Gewährte allen immer einen Vertrauensvorschuss.

Von seinem Bett hob er das weiße Hemd auf, das er am Morgen getragen hatte, und schnippte etwas Schmutz vom rechten Ärmelaufschlag. Für heute Abend, zum Braten von Sardinen, würde es reichen. Als er sein Hemd anzog, klingelte das Telefon, und sobald er das Gekicher seiner Frau hörte, wusste er, dass Maria am anderen Ende der Leitung war. Diese beiden! Wie Pech und Schwefel! Teresa rief ihn aus dem Wohnzimmer. Maria wolle heute Abend zum Essen ausgehen, sagte sie, um den Beginn des Urlaubs zu feiern. »Giulia und Gabriele kommen auch – wollen wir uns anschließen?«

Er sah auf die Uhr. Jetzt stand es auf Messers Schneide, ob er es noch rechtzeitig zum Fischhändler schaffen würde. Er zauderte; er hasste Planänderungen. Ach, warum nicht! Teresa würde es gefallen, und es wäre eine gute Gelegenheit, um zu besprechen, wer was für die morgige Bootsfahrt mitzubringen hatte, anstatt unzählige SMS zu verschicken. Außerdem hätte er dann noch eine Stunde Zeit, unten im Geschäft nach dem Rechten zu sehen, bevor sie zu ihrem kleinen Ausflug aufbrachen.

»Na schön!«, rief er durch die Tür. »Aber nicht diese schreckliche Spelunke, die Matteo letzte Woche ausgesucht hat – die Beleuchtung ist eine Zumutung!«

Bevor er nach unten ging, zog er das weiße Hemd wieder aus und streifte das saubere schwarze über, das von einem Kleiderbügel an der Rückseite der Schlafzimmertür hing. Es roch nach Lavendel – und schwach nach Teresa. Beim Bügeln war sie akribisch, dachte er, als er das Hemd zuknöpfte und die Vorderseite glatt strich.

Am Treppenabsatz streckte er sich, berührte mit den Fingerspitzen den Fußboden und ließ sie einen Moment lang herabbaumeln. Er glaubte zu hören, wie seine Wirbelsäule knackte. Irgendwann in nächster Zeit musste er seinen Rücken untersuchen lassen; ein steifer Rücken war Berufsrisiko. Als Optiker stand man den halben Tag lang verkrümmt über Retinoskope und Ophthalmoskope gebeugt, und die andere Hälfte des Tages hockte man zusammengekauert am Schreibtisch und erledigte Papierkram.

Teresa hatte einen Strauß riesiger Papiersonnenblumen in einen Krug hinter den Tresen gestellt, und er war erstaunt, dass er ihn nicht bemerkt hatte, als er nach dem Joggen ins Geschäft gekommen war. Er musterte die Blumen misstrauisch und fragte sich, ob sie nicht zu grell wirkten. Nein, alles in allem hatte Teresa recht. Das helle Gelb wirkte rein und fröhlich, und der Laden sah nicht so steril aus. Noch fühlte es sich nicht danach an, aber der Herbst würde schnell über Lampedusa herfallen. Der Himmel würde seine säuerliche, schimmelige Herbstfärbung annehmen, und dann würden sie jede Hilfe benötigen, um Kunden ins Geschäft zu locken und die Sonnenbrillen der zurückliegenden Saison loszuwerden.

Er nahm den Terminkalender zur Hand, um nachzuschauen, ob Teresa all seine Termine für die nächsten paar Tage abgesagt hatte. Wie er sah, hatte sie für nächsten Mittwoch einen Namen rosa markiert. Ach ja. Signora Maggiorani. Die brauchte am Vorabend immer einen Höflichkeitsbesuch, um sie an ihren Termin zu erinnern.

Unglaublich, was für ein chaotisches Leben manche Leute führten! Er selbst war jemand, der Listen erstellte. Jeden Tag fertigte er eine säuberliche Liste der Aufgaben an, die er zu erledigen hatte, der Ziele, die er erreichen wollte, und jeden Abend hakte er sie ab. So behielt man den Überblick und hatte alles im Griff. Er radierte eine Zeile im Kalender aus, die ihn daran erinnern sollte, wegen Signor Espositos Bifokalbrille im Labor nachzufragen; das hatte er bereits am Vormittag von seinem Handy aus erledigt, während er im Festnetz bei einem Zulieferer in Neapel in der Warteschleife hing. Man musste dem Leben deutlich zeigen, wer hier der Boss war, wer das Kommando führte; andernfalls nahm das Leben den Vorteil sofort wahr und richtete verheerenden Schaden an.

Er ging die Post durch, um nachzusehen, ob es etwas gab, das Teresa vergessen hatte. Da war das Dankesschreiben der alten Dame aus Turin, von dem sie ihm beim Mittagessen erzählt hatte. Anfang September, als sie auf die Insel gekommen war, um im Urlaub ihre Schwester zu besuchen, hatte er ihre Brille repariert. Sie war ihr vom Balkon gefallen, und die Dame kam völlig aufgelöst zu ihm, weil sie ohne Brille nicht lesen konnte. Es hatte ein paar Tage gedauert, sie zu richten und die passenden Linsen zu finden, aber in der Zwischenzeit hatte er ihr mit einem anderen Gestell aushelfen können. Sie hatte nicht glauben wollen, dass er nichts dafür verlangte. Er hatte die nötigen Materialien vorrätig gehabt, insofern war es kein Problem gewesen; außerdem war sie eine nette alte Dame. Ehrlich, nannte sie ihn in ihrem Brief. Wie schön, einem so ehrlichen Mann zu begegnen. Er lächelte in sich hinein. Es kam nicht eben oft vor, dass man einem Mann aus Neapel Ehrlichkeit bescheinigte. Das war ja auch einer der Gründe gewesen, weshalb er die Stadt verlassen hatte; er hatte es nicht ertragen können, mit jenem Makel behaftet zu sein, der in seiner Heimatstadt so zum Himmel stank: Betrug und Korruption.

Als Optiker musste man vertrauenswürdig sein. Seine Arbeit: einem Menschen direkt in den Augapfel zu starren, das eigene Gesicht nur wenige Zentimeter von dem des anderen entfernt, hatte etwas Intimes. Als er seine Ausbildung begann, hatte sein Vater befürchtet, für einen so engen Kontakt mit Fremden sei er vielleicht zu schüchtern, aber es war ihm nicht schwergefallen, höflich zu sein und sich dann zu distanzieren, um einen Menschen in Netzhaut, Blutgefäße und Sehnerven zu zergliedern. Lustigerweise sagte Teresa heute oft zu ihm, er habe die Angewohnheit, Menschen, mit denen er ausgehe, anzustarren, als wolle er sie untersuchen, sich tief in ihre Augäpfel hineinzubohren. Ein Tick, vermutete er, eine Berufskrankheit. Wenn sie ihn dabei ertappte, stupste sie ihn unter dem Tisch verstohlen an; es sei den Leuten unangenehm, das Gefühl zu haben, sie würden unters Mikroskop gehalten, wenn sie beim Abendessen saßen, sagte sie.

Gut. Was gab es sonst noch zu tun? Er sah hinüber zu der Vitrine, die die Kontaktlinsen und Pflegemittel enthielt. Nein, sie war gut bestückt, nur hatte jemand – wie konnte das passieren? – eine grüne Flasche Kochsalzlösung auf das Regal gestellt, das für die RGP-Produkte gedacht war. Stirnrunzelnd sortierte er das Regal.

Teresa kam nach unten und reichte ihm seine schwarze Jacke. Zeit zu gehen, sagte sie. Sie trug die lange Silberkette, die er so mochte, die mit den verflochtenen Strängen, mit denen sie immer spielte, wenn sie nervös war. Ihr blondes Haar fiel über die Schultern ihrer grauen Seidenbluse. Es war noch genauso dicht und füllig wie damals, als er sie kennengelernt hatte: ein vierzehnjähriges Schulmädchen.

»Maria hat einen Tisch in dem Restaurant auf dem kleinen Hügel mit Blick über den Hafen reserviert«, sagte sie.

Er öffnete den Mund, um etwas zu sagen.

»Das Restaurant, das du magst«, fügte sie nachdrücklich hinzu und nahm seinen Arm.

Ehe er das Licht ausknipste, rückte er den Ständer mit den Herrensonnenbrillen ein paar Zentimeter nach rechts, sodass er den Damensonnenbrillen genau gegenüberstand.

Seine Straße war das kommerzielle Zentrum Lampedusas; eine breite Fußgängerzone mit polierten grauen Pflastersteinen, die im Licht der Straßenlaternen schimmerten. Sie war der einzige Ort auf der Insel, wo man sich zur abendlichen *passeggiata* ergehen konnte, und übersät mit Holzbänken, schicken Cafés und Boutiquen. Lampedusa hatte auf Hochhäuser nie Wert gelegt; kaum ein Wohnblock oder Geschäftsgebäude in der Straße, die höher als zwei oder drei Stockwerke waren, und alle dicht aneinandergeschmiegt, um den begrenzten Raum bestmöglich zu nutzen. Die meisten Fassaden wiesen die satte Cremefarbe des örtlichen Kalkputzes auf. Andere hatten einen moderneren Anstrich bekommen und protzten mit zitronen-, schwefel- oder senfgelben Wänden. Hinter der Via Roma wurden die Straßen enger und schäbiger. Irgendwo auf der Insel gab es immer eine Baustelle, irgendwo stand immer ein unverputztes Haus. Er hatte den Überblick verloren, welche Gebäude neu errichtet oder renoviert wurden und welche dem Verfall preisgegeben worden waren. Auf dem Weg zum Hafen rief ihnen eine Nachbarin von ihrem Balkon aus einen Abendgruß zu, sie lugte über die Bettlaken hinweg, die auf der Wäscheleine trockneten.

Die Saison mochte zu Ende sein, aber das Restaurant war überfüllt. Sie hätten Glück, überhaupt einen Tisch zu bekommen, sagte Maria. Er saß neben Giulia, die wie gewöhnlich Mühe hatte, ihr krauses Haar zu bändigen. Als sie ihn begrüßte, versuchte sie gerade, ihre Locken in ein Gummiband hinter ihrem Kopf zu zwängen, doch einer der baumelnden Schildkrötenohrringe, die sie immer trug, verfing sich in der Haarpracht und steckte fest. Sie fluchte. Sie sah müde aus, dachte er. Für Giulia und ihren Partner Gabriele war es eine ziemlich hektische Zeit; sie mussten ihren Strandwarenladen für den Winter räumen, entscheiden, welche Bestände noch verkauft werden mussten, und Platz schaffen für Artikel, die sich bis zur Wiedereröffnung im März halten würden. Die Ladenmieten stiegen so sprunghaft an, dass man schon Millionär sein musste, um mithalten zu können. Giulia und der Optiker zogen die Augenbrauen in die Höhe und prosteten sich mit ihren Wassergläsern zu.

»Wo bleibt der Wein?«, fragte Maria und hielt Ausschau nach dem Kellner. Gabriele hatte den sizilianischen Rotwein bestellt, doch der Optiker war skeptisch und hatte darum gebeten, zuerst ein kleines Glas kosten zu dürfen. Maria würde ihre Badesachenboutique für den Winter bald schließen und nach Catania zurückgehen; er hörte, wie sie die Frauen einlud, in den nächsten zwei Wochen vorbeizuschauen, falls sie sich noch einmal umtun wollten, bevor sie die Badeanzüge in den Ausverkauf gab. Um den Hals hatte sie einen langen goldenen Schal geschlungen, der wie ein Fischernetz gehäkelt war. Er erkannte ihn wieder, vergangene Woche hatte Teresa ihm den Schal in Marias Schaufenster gezeigt. Maria trug immer etwas Neues. Er betrachtete sie zärtlich. Es gefiel ihm, dass sie bei ihrer Kleidung Risiken einging, dass sie es wagte, unkonventionell zu sein. Teresa mochte es lieber klassisch, dachte er und beobachtete, wie sie mit den

Strängen ihrer silbernen Halskette spielte. Doch Teresa stand klassisch hervorragend. Sie hatte einfach Klasse, seine Frau.

Er lachte über Gabriele, der sich die Speisekarte weit vors Gesicht hielt und angestrengt versuchte, die Schriftzüge zu entziffern. Er stieß Maria an, ebenfalls hinzuschauen.

»Gib's zu, langsam wirst du so alt wie wir alle!«, neckte ihn Maria. »Geh mal zu unserem kahlköpfigen Freund und lass dir für deine schönen blauen Augen eine Brille verpassen!«

Gabriele war ein ernster Kerl, und seine gewölbte Stirn ließ ihn noch ernster aussehen. Verlässlich, nannte ihn Teresa, und sie hatte recht. Immer, wenn er selbst über Nacht beruflich nach Sizilien oder nach Neapel reisen musste, kam Gabriele vorbei, um sicherzustellen, dass Teresa sich allein zurechtfand.

Der Rotwein war schwach, es fehlte ihm an Vollmundigkeit. Er bestellte Weißwein.

Die Frauen bewunderten Elenas neue Frisur. Sie hatte ihren dunklen Fransen eine dicke Strähne Blond hinzugefügt. Weniger Buchhalterin, mehr Lampedusa, scherzte sie und schleuderte ihr langes Haar über die Schulter. Sie zog ein trauriges Clownsgesicht. Es graute ihr davor, den Sonnenschein und den großen, weiten Himmel über der Insel zu verlassen und in das beengte, öde Finanzbüro in Norditalien zurückzukehren, wo sie während der Wintermonate arbeitete. Sie griff nach der Flasche Wein.

*»Buone vacanze!«*, schnaufte sie, füllte ihr Glas bis zum Rand und schlürfte den Wein wie eine verzweifelte Alkoholikerin. Alle lachten.

Teresa und er ließen den *primo piatto* aus; sie achteten darauf, dass sie abends nicht zu viele Kohlenhydrate zu sich nahmen. Der Kellner brachte ihm die Servierplatte mit Seebrassen und Schwertfisch zur Begutachtung, er musterte sie eingehend und erkundigte sich danach, wo und wann genau sie gefangen worden waren. Aufmerksam lauschte er den Antworten des Kellners und blickte forschend in das verschwitzte Gesicht des Mannes. Er spürte, wie Teresa ihn warnend an der Jacke zupfte. Er wählte die Seebrassen. Die Augen des Schwertfischs hatten leicht milchig ausgesehen.

Giulia wechselte einen heimlichen Blick mit Teresa, die verstohlen in ihren Ärmel kicherte. Er sah sie an und tat gekränkt.

»Wie hält sie es mit dir nur aus?«, spottete Giulia. *»Signor Pedante!«* Er warf die Hände in die Höhe.

Auch Matteo würde bald aufs Festland zurückkehren, erzählte ihnen Maria beim Fisch. (Der übrigens ausgezeichnet war; er hatte gut gewählt, darin waren sich alle einig.) Was die Arbeit betraf, so sei es für Matteo kein gutes Jahr gewesen, eine echte Herausforderung, eine Stelle zu finden, sagte sie. Und Francesco habe am Morgen einen Anruf aus der Werkstatt erhalten, fügte sie hinzu. Er und seine Tischlerkünste würden in Mailand bereits Ende des Monats benötigt, viel früher, als es ihm recht sei. Er würde seine Tochter die Eisdiele eine Zeit lang allein führen lassen müssen. Sie alle seufzten mitfühlend. Niemand verließ gern die Insel.

Er holte seinen Tabakbeutel hervor und drehte sich eine Zigarette. Eine nach dem Essen war das Limit. Nur die eine. Er entschuldigte sich und verließ den Tisch.

Draußen war noch immer kein Wind zu spüren, doch obwohl die Luft noch warm war, verlor sie allmählich ihren süßen sommerlichen Duft. Er lauschte dem leisen Klirren der Boote, die das Meer von ihren Ketten locken wollte, und er wusste, irgendwo dort draußen im Dunkeln wartete die *Galata* auf sie. Zu Hause würde er sich den Seewetterbericht ansehen. Er wusste, dass Francesco bereits nachkontrolliert hatte, dennoch würde er einen Blick darauf werfen. Ein so warmer und leichter Wind konnte bedeuten, dass der tückische Sirocco nicht mehr weit war. Der wehte verstohlen über der Sahara, nahm über Libyen an Geschwindigkeit zu, fegte übers Mittelmeer hinweg und entfesselte seine Kräfte über Sizilien und Lampedusa. Und wenn der Sirocco kam, wusste man, dass auch der Herbst nicht mehr weit war, was die Hälfte der Inselbewohner dazu veranlasste, ihre Sachen zu packen, kehrtzumachen und den Winter auf dem Festland auszusitzen.

Er drückte seine Zigarette aus. Oktober war eine seltsame Jahreszeit. Eigentlich der Anfang vom Ende.

# 3.

Der Optiker von Lampedusa streckte sich träge in seiner Koje und spürte, wie die ersten zaghaften Strahlen der frühen Morgensonne über sein Gesicht tanzten und ihn aus dem Schlummer kitzelten. Der Wellengang unter dem Boot schaukelte ihn sanft wach und verhalf ihm zu der köstlichen Erkenntnis, dass er sich im Urlaub befand und ihn heute niemand wegen eines zerbrochenen Brillengestells belästigen oder sich über zerkratzte Linsen beschweren würde. Er seufzte wohlig. Welche Ruhe. Alle anderen an Bord schliefen noch. Als er Wasser für seinen Kaffee aufsetzte, hörte er bereits die ersten Möwen zanken.

Oben an Deck sah der Optiker dem jungen Sonnenaufgang zu, und da ihn in der Feuchtigkeit der Morgendämmerung ein wenig fröstelte, umschloss er die Kaffeetasse fester und zog den Reißverschluss seiner dunkelblauen Windjacke bis zum Kragen zu. Es ging ein sachter Wind, der das Wasser kaum kräuselte, und wenn die Sonne höher stieg und heißer wurde, würde sie keine Mühe haben, die wenigen leichten Wolken, die den Morgenhimmel jetzt noch bedrängten, wegzuschieben. Ein herrlicher Morgen für eine Vergnügungsfahrt und eine Runde Angeln. Eine Welle kindlicher Aufregung durchpulste ihn. Wie sehr er das Meer liebte! Diese unendliche Weite! Schon immer hatte er es als erholsam empfunden, draußen auf dem Wasser zu sein und seine engen Freunde um sich zu haben – nun, besser ging es kaum.

Was für Spaß sie letzte Nacht gehabt hatten! Nach ein, zwei Gläsern wurde der alte Francesco ein ausgezeichneter Erzähler; mit seinem salzverkrusteten grauen Pferdeschwanz sah er, wenn er seine Lügengeschichten zum Besten gab, wie ein uriger Country & Western-Star aus. Matteo feuerte ihn an, als gäb's kein Morgen mehr. Der arme Gabriele hatte schon den ganzen Tag dran glauben müssen – zur Abwechslung war er jetzt nicht mehr die alleinige Zielscheibe des Spotts; ständig zogen sie ihn auf, weil er so pedantisch und präzise war und immer wollte, dass alles so und nicht anders ausgeführt wurde.

Er musste grinsen. Gabriele hielt sich für den geborenen Angler, dabei war er von den Jungs der Einzige gewesen, der für das Abendessen nicht einen Fisch beigesteuert hatte. Sie hatten gesehen, wie er mit jedem Fisch, den sie an Bord zogen und in den Eimer warfen, gereizter wurde – wieder und wieder holte er seine Angelschnur ein, prüfte den Köder, seufzte verärgert und warf die Leine erneut aus. Da seine Angelrute auf der anderen Seite des Boots aushing, hatte er keine Ahnung, dass Matteo, nur um ihn zu ärgern, wiederholt denselben Fisch in den Eimer klatschen ließ. Matteos vermeintliches Anglerglück steigerte Gabrieles Wettbewerbssinn ins Unermessliche – Maria und Teresa krümmten sich vor Lachen, hielten sich aneinander fest und bissen sich auf die Lippen, um mit ihrem Gelächter nicht alles zu verraten.

Er hatte sich gefreut, dass Teresa so aus sich herausgegangen war. Sie machte sich immer solche Sorgen, in Marias Gesellschaft aber war sie immer entspannt – eigentlich galt das für alle. Einer warmherzigeren Frau konnte man nicht begegnen; stets mütterlich darauf bedacht, dass alle zufrieden waren und niemand sich ausgeschlossen fühlte, ohne je die Grenze zum irritierenden Tugendmenschen zu überschreiten. Er lächelte nachsichtig. Wie sanftmütig sie war! Es war Maria, die dem Streich, den sie Gabriele gespielt hatten, ein Ende bereitete; sie konnte es nicht ertragen, dass man ihn lächerlich machte.

Aber Gabriele war völlig außer sich geraten, als er den Streich durchschaut hatte! Er stürzte sich auf Matteo, stieß ihn zu Boden und versuchte, ihn mit dem kränkenden Fisch ins bärtige Gesicht zu schlagen, und dann balgten und rauften sich die beiden an Deck so lange, bis sie über den Hecktritt rutschten und ins Wasser plumpsten. Giulia hatte einen Teil des Gerangels mit ihrem Smartphone festgehalten – als sie sich das Video später ansahen, waren die Bilder so verwackelt, als habe Windstärke 9 geherrscht; sie hatte so lachen müssen, dass sie das Handy nicht still halten konnte. Danach waren sie alle im Meer gelandet. Einer nach dem anderen hatten sie sich jauchzend wie Kinder in die Fluten gestürzt und einander nass gespritzt, hatten die letzten Strahlen der Abendsonne ausgekostet, ehe sie im Meer versank und ihre feurigen Farben sich verliefen. Noch hatte die Herbstkälte das Wasser nicht abgekühlt; es waren noch immer einundzwanzig Grad, und als der Optiker mit seinen Freunden herumtollte, verspürte er noch einmal die Zuversicht des Sommers. Was hatte Elena doch noch gesagt, als sie sich, das lange dunkle Haar wie einen Fächer um den Kopf drapiert, neben ihm treiben ließ? Schwimmen im Herbst gleiche einer Wiedergeburt. Wenn man im Oktober mehrmals baden gegangen sei, fühle man sich rundum erneuert und sei bereit, dem bevorstehenden Winter ins Auge zu blicken.

Als die anderen aus dem Wasser stiegen und sich am Hecktritt mit dem Schlauch abspritzten, blieb er noch eine Zeit lang im Wasser. Es war herrlich, sich von der samtigen Wärme der dunkelnden Dünung tragen zu lassen, die seinen Körper schob und schubste, wohin es ihr gefiel, ihre rhythmische Musik begleitet von dem perlenden Gelächter seiner Freunde. Es war so köstlich, so friedlich und einladend. Beinahe hatte er sich schuldig gefühlt, als er zu schwimmen begann; es war ihm geradezu barbarisch vorgekommen, mit all dem Strampeln und Schlagen das spiegelglatte Wasser aufzuwühlen. Seine behutsamen Armzüge und Beinschläge durchbrachen die Wasseroberfläche kaum – wie ein höflicher, zuvorkommender Gast, der nachts auf Zehenspitzen durchs Haus schleicht, um den Gastgeber nicht zu wecken.

Ja, er war dem Meer richtig dankbar. Nach dem gestrigen Schwimmen war seine Haut vom Salz noch ganz straff. Das Meer brachte einen auf andere Gedanken. Man sah die Dinge klarer, irgendwie positiver. Diese Stille. Allerdings wäre es noch besser, dachte er in einem kurzen Anflug von Ärger, wenn die Möwen nicht ganz so laut lärmen würden.

Inzwischen war sein Kaffee fast kalt. Er leerte die Tasse und überlegte, ob er sich noch einen Kaffee holen oder lieber die letzten einsamen Momente genießen sollte, bevor die anderen an Deck kamen. Einen von ihnen hörte er bereits unten in der Kajüte poltern. Er streckte sich, ließ langsam seinen Kopf kreisen und lauschte auf seine knirschenden Halswirbel. Er hatte sich diesen Urlaub redlich verdient und wollte jeden kleinen goldenen Augenblick auskosten.

Etwas aber irritierte ihn. Etwas an der Art, wie die

Möwen quengelten, machte ihn nervös. Es war die Lautstärke dieser verdammten Vögel. Nie zufrieden, immer nur jammernd und zeternd und wegen jeder Kleinigkeit zankend. Es kribbelte ihn fast vor Ärger.

Matteo kam ohne Hemd an Deck; Arme und Brustkorb waren von einem Muster ineinander verflochtener dunkler Tätowierungen überzogen. Er hielt einen Finger in die Luft und lauschte angestrengt. Er unterbrach sich nicht einmal, um seinem Freund einen Guten Morgen zu wünschen.

»Hast du das gehört?«, fragte Matteo den Optiker eindringlich. »Da draußen ist etwas.«

Der Optiker spitzte die Ohren. »Sind das keine Möwen?«, fragte er. »Kreischende Möwen?«

Gabriele und Francesco gesellten sich zu ihnen. »Irgendetwas kreischt da«, bestätigte Gabriele zögernd. »Aber ich glaube nicht, dass es Möwen sind. Was meinst du, Francesco?«

Francesco hielt sich am kalten Metall des Schandecks fest und konzentrierte sich. Das Geräusch ergab keinen Sinn.

Lange standen die Männer schweigend da und starrten auf die kaum wahrnehmbaren Katzenpfoten auf der geschmeidigen Wasseroberfläche. Als die Frauen aus ihren Kojen eilten und die Kajüte dabei schaukelte, schwappten ein paar kleine Wellen über das Deck des Boots und übertönten das quengelnde Geräusch einige Sekunden lang. Das Meer verstummte und beruhigte sich wieder, doch gleich darauf trug der Wind das gruselige Geräusch, eine Art tierisches Heulen, erneut zu ihnen. Dem Optiker schauderte unwillkürlich.

»Was ist das?«, flüsterte er. »Was ist das da draußen?«

Sein Blick huschte nervös ums Boot herum. Auf dem dunklen Wasser waren keine Lichter zu sehen, keine anderen Schiffe. Abgesehen von dem unheimlichen periodischen Kreischen waren sie völlig allein.

Doch Francesco hatte den Motor bereits gestartet.

Als die Männer den Anker einholten, kamen die Frauen an Deck geklettert.

»Was ist los? Was ist das für ein schreckliches Geräusch?«

Seine Frau Teresa klang verängstigt – unerwartete Probleme brachten sie leicht aus der Fassung. Inzwischen war sie fünfzig, doch ihre kindliche Arglosigkeit, ihr kindliches Staunen hatte sie nie ganz abgelegt. Es machte sie sehr liebenswert; nahezu jeder, dem sie begegnete, wollte sie beschützen. Aber dem Optiker bereitete es oft Sorge, wie verletzlich diese Offenheit sie machte. Mitunter ermahnte er sie, sich eine dickere Haut zuzulegen.

»Wir kümmern uns darum«, versprach er ihr, so besänftigend er konnte. »Wir werden nachschauen. Ruft, wenn ihr was seht, Mädels.«

»Aber es klingt, als ob jemand leidet«, beharrte sie. »Es klingt, als ob jemand Schmerzen hat.« Sie umklammerte den Saum seiner Windjacke und sah ängstlich zu ihm auf.

»Wir kümmern uns darum!«, entgegnete der Optiker bestimmt.

Teresa, Maria und Elena nahmen ihre Beobachtungsposten im Bug ein. Von ihrem Anker befreit, tuckerte die *Galata* aus der Mündung der schützenden Bucht aufs offene Meer hinaus. Die Wellen schlugen jetzt heftiger gegen den Bootsrumpf, und der Optiker sah mechanisch auf seine Uhr – es war kurz nach sechs. Er schwang sich auf das Kajütendach, um eine bessere Sicht aufs Wasser zu haben. Doch was immer dort draußen sein mochte, das Meer spiegelte nur brav den orangefarbenen Himmel und gab keinerlei Hinweise.

Matteo und Gabriele liefen auf dem kleinen Boot ungeduldig auf und ab und fluchten unterdrückt. Die Frauen standen schweigend auf ihren Posten, schwer atmend und steif vor Angst. Die Frau des Optikers klammerte sich an Elenas Arm.

Der Außenbordmotor des Boots durchschnitt mühelos die Wellen und hinterließ eine Spur schäumenden Kielwassers, zweigeteilt wie eine Walflosse. Am vergangenen Nachmittag hatte der Optiker eine gute halbe Stunde lang achtern gesessen, wie gelähmt von der hypnotischen Regelmäßigkeit des Heckwassers, seine Gedanken eingelullt und getröstet von der beständigen Verwirbelung der Meeresoberfläche. Jetzt beobachtete er nervös das aufgeschäumte Wasser und betastete die pulsierende Ader an seiner rechten Schläfe.

»Siehst du was?«, rief Matteo ihm zu.

Er schüttelte den Kopf, und die beiden Männer tauschten ratlose Blicke.

Er konnte das verdammte Geräusch nicht mehr hören. Waren sie überhaupt noch auf dem richtigen Kurs? Er pfiff Gabriele zu, und als dieser aufblickte, tippte sich der Optiker übertrieben an die Ohren, als wolle er mit der Geste Taubheit andeuten. Gabriele brüllte Francesco zu, er solle den Motor ausschalten, und das heisere Dröhnen des Motors klang ab und erstarb.

Infolge der harten Bremsung erschauerte die *Galata* im

Wasser, schlingerte und bebte. Die Crew stand reglos da und wartete darauf, dass das Meer sich beruhigte. Maria beugte sich vor und nahm Teresas anderen Arm. Giulia stand etwas abseits von den anderen und biss sich in die Knöchel ihrer rechten Hand; mit der Linken versuchte sie vergeblich, sich das widerspenstige Haar in den Nacken zu streichen. Wie verletzlich alle vier aussahen. Er sorgte sich um sie, aber er durfte sich nichts anmerken lassen.

Diesmal ertönte das abscheulich gequälte Geheul so plötzlich, dass es jeden von ihnen wie eine Kugel durchfuhr. Instinktiv hielt sich der Optiker schützend die Hand vors Gesicht.

Er taumelte und hätte beinahe den Halt auf dem Kajütendach verloren. Was zum Teufel war das da draußen?

Das Heulen wurde zu einem unerträglichen Kreischen. Der Optiker spürte, wie sein Magen sich verknotete. Etwas unter den Wellen brüllte, und was es auch war, sein Bauchgefühl sagte ihm, dass es, wenn sie es fänden, wahrhaft entsetzlich wäre. Er zwang sich, seinen Atem zu regulieren, und versuchte, Rosaria, die ihn erschrocken ansah, ermutigend zuzunicken.

Dann plötzlich erblickte er sie.

»Fische! Ich sehe drei große Fische! Francesco – auf sechs Uhr!«

Francesco manövrierte das Boot in Richtung seines ausgestreckten Arms. Der Optiker heftete den Blick auf die schwarzen Punkte, die er auf dem Wasser hatte zappeln sehen, und suchte seine Gedanken zu ordnen. Doch sein Gehirn wehrte sich gegen das, was seine Augen sahen. Welcher Fisch hält sich an der Wasseroberfläche auf, du Idiot? Sag schon, welcher Fisch?

»Da drüben sind noch mehr Fische!« Maria stand, die Augen gegen die blendende Sonne zusammengekniffen, über die Reling gebeugt und deutete ein Stück weit rechts von seinem ausgestreckten Arm. Doch der Optiker starrte noch immer mit professioneller Anspannung auf die Gegenstände, die er gesichtet hatte, den Blick unverwandt aufs Meer gerichtet, so wie ein Kunde, der in seinem Geschäft vor der Sehtafel saß. Er wollte unbedingt, dass sein Gehirn und seine Augen die Formen richtig erkannten und deuteten.

Die *Galata* trieb näher heran, auf der leichten Dünung tanzte das kleine Boot nervös auf und ab. Sie waren dreißig Meter entfernt, und das verzweifelte Geschrei wurde lauter und lauter.

Der Optiker stutzte. Eine der schwarzen Formen, die er beobachtete, wurde länger, ragte ein Stück weit aus dem Wasser empor und plumpste zusammengerollt zurück in die Wellen. Dann verschwand sie und hinterließ den weißen Schaum aufgewühlten Wassers.

O Gott, nein. Großer Gott, nein.

»Menschen!«, schrie Giulia. »Da sind Menschen im Wasser!«

Der Optiker stand, die Arme noch immer ausgestreckt, auf dem Kajütendach hoch über dem Wasser und sah, wie die schwarzen Punkte endlich Gestalt annahmen. Auf der gläsernen Meeresoberfläche waren Körper wie umgestoßene Sportkegel verstreut, einige hüpften gefährlich auf und nieder, andere lagen horizontal und entsetzlich schwer auf den Wellen. Inzwischen hatten die Menschen im Wasser die *Galata* entdeckt, und als sie mit Armen und Beinen wild um sich schlugen, brachten sie das Meer in

Wallung. Jedes Mal, wenn eine Welle sich brach, wurde ein weiterer schwarzer Punkt, ein weiterer Kopf, sichtbar. Das Meer war übersät von ihnen.

Der Ozean hallte wider von dem wüsten Geschrei, das grässliche Geräusch wurde vom Wasser zurückgeworfen, ein Gurgeln und Reißen. In dem, was sich da direkt vor ihrem Boot abspielte, erkannte der Optiker die Musik der Sterbenden, das letzte Klagelied der Ertrinkenden. Und aus dem Chor der Stimmen konnte er jeden einzelnen Solisten heraushören. Jeder flehte darum, bemerkt zu werden.

Der Optiker schluckte.

Wie, dachte er, wie kann ich sie alle retten?

Langsam ließ er den ausgestreckten Arm sinken. Die Hände im Wasser griffen verzweifelt nach oben, krallten sich in die Luft, reckten sich ihm vergebens entgegen. Er sah weit aufgerissene gelbliche Augen, die ihn wild anstarrten, fieberhaft auf Rettung hoffend.

Er warf einen kurzen Blick auf seine Freunde an Deck. Acht. Sie waren zu acht, und im Wasser befanden sich Dutzende, nein, Hunderte Menschen. Und sie hatten nur einen Rettungsring.

Noch bevor er vom Kajütendach aufs Deck sprang, hatte der Optiker begriffen, dass er würde entscheiden müssen, wer leben durfte und wer sterben musste.

# 4.

Im Rückblick war die Rettung reibungslos verlaufen. Es war kein Streit darüber entbrannt, wer die Befehle geben sollte, keine Sekunde war mit Debatten darüber verschwendet worden, wer welche Funktion erfüllen und wer welche Position einnehmen sollte. Ohne Vorwarnung war Matteo einfach ins Wasser gesprungen und hatte begonnen, Menschen einzusammeln und zum Boot hinzuzerren. Gabriele war sofort in die Plicht gehechtet und hatte über Funk eine Pan-Pan-Meldung abgesetzt. Offenbar hatten alle stillschweigend begriffen, dass sie ihre Rettungsbemühungen auf ganze Gruppen von Überlebenden konzentrieren mussten statt auf Einzelpersonen; niemand hatte protestiert, als sie einen Leichnam einfach wieder unter die kristallene Meeresoberfläche sinken ließen. Nachdem die erste Suchzone durchkämmt war, hatte Gabriele das Kommando über das Boot übernommen, während der Optiker und Francesco die Menschen an Bord zogen und hoben. Die Frauen hatten unglaubliche Arbeit geleistet, abwechselnd das Meer abgesucht und die Überlebenden versorgt und getröstet. Die Teamarbeit war wirklich einzigartig verlaufen, wie am Fließband: retten, bergen, Ordnung schaffen. Als seien sie eigens für diese Aufgabe ausgewählt worden, dachte der Optiker später – als hätten sie sich ein Leben lang unbewusst auf diesen Tag vorbereitet.

Der Optiker begann schon zu schwitzen, noch ehe Matteo den ersten prustenden Mann ins Bootsheck gezogen hatte. Er hatte seine Windjacke abgeworfen, und als er auf der Bohlenabdeckung des Hecktritts stand, spürte er, wie sein Körper Adrenalin ausschüttete und durch Brust und Gliedmaßen Blut pumpte. Seine Muskeln brannten darauf, benutzt zu werden, und sein Atem ging ungeduldig.

Der erste Mann, den sie aus dem Meer zogen, war gleich wieder ins Wasser zurückgeglitten. Er sah kaum älter als ein Junge aus. Der Optiker und Vito hatten ihn an seinen Handgelenken hochgezogen, doch der junge Bursche war völlig nackt gewesen, mit Diesel verschmiert and glitschig wie ein Fisch. Als er prustend und weinend wieder auftauchte, hatten sie an der öligen Haut, glatt und glänzend wie eine Aubergine, nur mit Mühe Halt gefunden. Die Fingernägel des Optikers mussten sich in die dunkle Haut graben, als er ihn an Bord zog. Noch nie hatte er die Hand eines anderen so festgehalten – die Intimität dieser Geste einem nackten, völlig fremden Menschen gegenüber ließ ihn zusammenzucken. Doch als die Kraft seines Handgriffs den Mann gegen seinen nackten Brustkorb schleuderte, fühlte er, wie sich etwas seltsam Urzeitliches in ihm regte, etwas, das fast an Liebe erinnerte. Er hatte den Jugendlichen halten, ihn umarmen wollen, so, wie er seine Söhne umarmt hatte, wenn sie sich fürchteten oder in Schwierigkeiten waren.

Doch für Gefühle war keine Zeit. Matteo rief bereits um Hilfe mit dem nächsten Überlebenden. Er konnte sich seiner kaum erwehren; zeitweise wurde sein Kopf unter Wasser gedrückt, als der Ertrinkende seinen Hals umklammerte und mit den Füßen strampelte, um die Beine um Matteos tätowierten Oberkörper zu schlingen. Rings ums Boot gellendes Angstgeschrei aus allen Richtungen.

»Das wird schon, das wird schon wieder!«, rief der Optiker über die Schulter dem jungen Mann zu. »Jetzt kümmern wir uns um deine Freunde – keine Sorge!«

An Deck rollte sich der Halbwüchsige sofort wie ein Embryo zusammen, erbrach Meerwasser und zitterte so heftig, dass die Frauen schon dachten, er hätte einen Anfall. In einer Sprache, die sie nicht verstanden, schluchzte und stöhnte er vor sich hin.

Als Maria seine Schulter berührte, schrie er jedoch auf, wich zurück und versuchte, mit zitternden Händen seine Genitalien zu verhüllen. Die feinfühlige Teresa verstand sein Schamgefühl sofort und rannte unter Deck, um ihre Reisetasche zu holen. Das erste Kleidungsstück, das sie aus der Segeltuchtasche zog, war ein zinnoberrotes T-Shirt, und der Junge riss es ihr aus der Hand, um sich zu bedecken. Er steckte die Beine durch die Armlöcher, verknotete den Stoff an der Seite und trug das T-Shirt wie eine riesige Unterhose oder Windel. Er weinte wie ein Baby und wiegte sich hin und her.

Es gab eine Frage, die gestellt werden musste, obwohl der Optiker nicht sicher war, ob er bereit war, die Antwort zu hören. Er wappnete sich.

»Wie viele von euch waren auf dem Boot?«, fragte er eindringlich und zählte an den Fingern ab. Der erschöpfte Jugendliche beugte sich vor und zeichnete mit dem Zeigefinger eine Zahl aufs Deck. Fünfhundert. Dem Optiker stand der Mund offen. Der junge Mann beugte sich abermals vor und fügte ein Symbol hinzu. Plus.

Inzwischen waren drei Männer an Bord, und Gabriele steuerte das Boot auf die nächste Kleingruppe zu. Er wusste, dass die Frauen, zusätzlich zu Gabrieles Funkruf, von Elenas Handy aus die Rettungsdienste verständigt hatten, doch von Unterstützung war keine Spur zu sehen. Unterdessen war es ganz hell geworden, und in einem Umkreis von fünfhundert Metern konnte der Optiker Punkte im Meer ausmachen.

»Die Schiffsschraube!«, brüllte er. »Wir müssen langsamer fahren! Mit der verdammten Schiffsschraube werden wir sie noch in Stücke reißen!«

Die *Galata* fuhr einen Zickzackkurs durch die kleinen Wellen, bahnte sich einen Weg durch das Trümmerfeld aus Leichen und herrenlosen Kleidungsstücken und Schuhen. Es fühlte sich grässlich an, dachte der Optiker, nicht zu stoppen und die Toten zu bergen, aber auf die kam es jetzt nicht an. Nicht, solange es dort draußen andere gab, die noch Leben in sich hatten, denen sich noch eine Chance bot.

Die nächsten beiden Männer, die sie aus dem Meer zogen, waren dem Ende so nahe, dass der Optiker fürchtete, sie würden noch an Bord sterben. Das Salzwasser und der Schock hatten ihre Gedärme zerrüttet, und sie vomierten und defäkierten übers ganze Deck. Ihre Augenlider zuckten, als sie zu Bewusstsein kamen und wieder wegdämmerten. Von dem Kampf waren ihre Körper ganz ausgelaugt, und ihre Lebensgeister flackerten nur noch. Teresa und Maria wickelten Schlafsäcke aus den Kojen um die zitternden Gestalten, die sie um jeden Preis am Leben erhalten wollten.

»Dreißig Meter entfernt – auf sieben Uhr!«, schrie Francesco.

Das nächste Grüppchen bestand aus vier Männern, die sich in ungelenker Formation aneinanderklammerten und, um sich über Wasser zu halten, mit abgespreizten Beinen paddelten wie Hunde. Wenn sie mit den Füßen nach oben traten, blitzten in dem klaren Wasser rosa ihre Sohlen auf. Sie zappelten wie Fische im Netz. Kniend und mit ausgestrecktem Arm wartete der Optiker darauf, dass ihre Fäuste sich um seine schlossen.

Das Gefühl all dieser schlüpfrigen nassen Hände in der seinen würde er niemals vergessen. Die Kraft, die seinen sehnigen Rücken durchzuckte, als er die Überlebenden aus dem Wasser zwang. Noch nie in seinem Leben hatte er sich so lebendig gefühlt – er spürte, wie die Lebenskraft durch seine Nerven und Muskeln sprühte, zuckte, loderte, und er wollte, nein, er musste dafür sorgen, dass auch die Punkte im Wasser sie spürten. Er spürte, dass er die Energie besaß, sie alle wiederzubeleben, wenn er nur rechtzeitig zu ihnen gelangte. Der Eifer seiner Freunde war elektrisierend und feuerte ihn an.

»Kommt schon, Jungs, wir müssen schneller machen!«

Einer der Männer, die sie gerettet hatten, deutete mit dem Finger hysterisch aufs Wasser, fasste den Optiker und Vito am Arm und redete eindringlich auf Marcello ein, der sich auf den Hecktritt hochgezogen hatte. Mehrfach wiederholte er ein Wort, schien aber kein Italienisch zu verstehen.

Es war Matteo, der den Einfall hatte, es mit Englisch zu versuchen.

»Was willst du?«, drängte er ihn. »Wir können dir helfen, wenn du es uns langsam auf Englisch erklärst.«

Der Mann sah sie alle flehentlich an, und Tränen strömten ihm übers Gesicht.

»Bitte«, sagte er und presste die Hände zusammen wie zum Gebet. »Kinder. Da sind viele Kinder.«

Da sprang auch Francesco ins Wasser und tauchte hinab. Seine Augen brannten vom Salzwasser. Nach kaum einer Minute schoss er wieder an die Oberfläche und schwamm zum Boot zurück, als würde er von einem Hai verfolgt. Der Optiker bedurfte keiner Erklärung, auch die anderen nicht – Francescos schockierter Gesichtsausdruck verriet ihnen, dass er von den stumpfen, ungestalten Leichen unter Wasser gestupst und geschubst worden war.

Der Optiker ertappte sich dabei, wie er stumm zu einem Gott betete, an den er nicht glaubte. Rette wenigstens die Kinder. Bitte lass uns die Kinder finden. Was auch geschieht, lass mich um Himmels willen den Kindern helfen.

Doch sie fanden keine Kinder.

»Lass uns weiterfahren!«, sagte Francesco entschieden, und Gabriele ließ den Motor aufheulen.

Als sie das Trio, das Maria entdeckt hatte, endlich erreichten, hielten sich nur noch zwei Köpfe über Wasser.

»Es ist eine Frau!« Maria beugte sich über die Seitenwand, als Gabriele behutsam auf die Gruppe zusteuerte. »Da ist auch ein Mann, aber ich bin sicher, das andere ist eine Frau!«

Francesco warf der Frau den Rettungsring zu, doch es war der Mann, der ihn auffing. Der Optiker sah, wie er den Ring in ihre Richtung zog, aber sie wirkte gleichgültig und wollte trotz seiner verzweifelten Überredungsversuche nicht danach greifen. Ihre linke Hand lag auf dem schaukelnden Rücken des toten Mannes neben ihr, und sie hatte den Kopf, dessen lange Zöpfe ausgebreitet auf dem Wasser lagen wie Tentakel, zur Seite geneigt; offenbar war sie kurz davor, aufzugeben und dasselbe Schicksal zu erleiden wie der Leichnam, an den sie sich klammerte. Der Mann neben ihr versuchte, ihre Finger auseinanderzuspreizen und sie auf dem Ring zu platzieren. Zweifellos flehte er sie an, von dem Toten abzulassen.

Der Optiker wusste, dass es zwecklos war, auf Italienisch in sie zu dringen, aber er tat es trotzdem. Teresa und Maria riefen ihr zu, sie solle bei ihnen bleiben, und versicherten ihr, bald sei alles vorbei. Als sie die Frauenstimmen hörte, öffnete die junge Frau die Augen, reckte das Kinn ein wenig und blickte sie an. Mit letzter Kraft hob sie den Arm und ließ ihn auf den Ring plumpsen. Sie hatte ein mit Öl vollgesogenes türkisfarbenes T-Shirt an, sonst nichts.

Fast war es, als wollte sie gar nicht gerettet werden, dachte der Optiker; so sehr wehrte sie sich dagegen, die leblose Gestalt neben sich zurückzulassen. In einer Pfütze aus Diesel und Meerwasser schlitterte sie an Deck wie ein an Bord gezogener Fisch, der den Kampf aufgegeben hat. Als er seine Hand auf ihre Wange legte, zog sie den Kopf ein und zupfte am Saum ihres T-Shirts, um ihre Nacktheit und ihre Erniedrigung zu verbergen. Er wollte sie unbedingt trösten, doch die Angst, die sie vor ihm, Francesco und Matteo hatte, war mit Händen zu greifen; er merkte, dass sie sie allein schon mit ihren Blicken verletzten. Doch als Teresa sie mit einem Strandtuch zudeckte, setzte sie sich sofort auf und berührte Teresas Hand.

»Danke«, flüsterte sie mit brüchiger Stimme auf Englisch und schlang sich das Tuch um die Hüften. Teresa und Maria weinten unverhohlen, als sie die zierliche junge Frau zu trösten versuchten, doch diese blieb teilnahmslos. Sie saß, das Kinn leicht erhoben, einfach da und sah, fand der Optiker, fast hochmütig aus, wie sie ihren Kummer unterdrückte. War sie zu stolz, um zu weinen, oder zu mitgenommen? In ihrem gebrochenen Englisch und mit viel Zeichensprache überschütteten sie sie mit Fragen: ob sie Wasser wolle, ob sie das nasse türkisfarbene T-Shirt ausziehen und gegen den trockenen Pullover eintauschen wolle, den sie ihr anboten, ob der Tote, an den sie sich geklammert hatte, ihr Mann sei und ob auch andere Frauen an Bord gewesen seien?

Nur die letzte Frage beantwortete sie. Sie wandte den Kopf wieder zum Meer, wo, noch immer sichtbar, der Leichnam mit dem Gesicht nach unten in der Dünung trieb. Sie starrte ihn lange an, bevor sie sich auf dem Hintern umdrehte und ihm den Rücken kehrte.

»Das war mein Bruder«, sagte sie leise und ohne Selbstmitleid. »Und ja, viele von uns waren Frauen.«

Sie sprach nie wieder, und obwohl sie alle häufig bei ihr nachschauten, sah keiner von ihnen sie jemals weinen. Und andere Frauen fanden sie nicht.

# 5.

Wo er auch hinsah, da waren noch mehr! Sie schienen sich im Wasser zu vermehren, Hände, die Hände züchteten. Der Optiker sah auf seine Uhr und spürte, wie ihm Panik die Kehle hochstieg – er wusste, sie arbeiteten im Wettlauf mit der Zeit. Wo zum Teufel blieb die Küstenwache? Die ganze Zeit über nagte der quälende Zweifel an ihm, dass sie nicht richtig vorgingen, dass eine professionelle Rettungsmannschaft anders, effizienter vorgehen, mehr Menschenleben retten würde. Wenn sie doch nur schneller arbeiten könnten!

Die Frauen hatten das Boot praktisch auseinandergenommen – als alle Taschen und Rucksäcke geleert und keine Kleidungsstücke mehr vorhanden waren, hatten sie die Vorhänge von den Kojenfenstern gerissen; sogar die groben Bezüge der Sitzbänke hatten sie abgezogen, um den Überlebenden wenigstens zu etwas Würde zu verhelfen. Einige der Männer waren so beschämt, Frauen an Bord zu sehen und nackt vor ihnen stehen zu müssen, dass sie versuchten, sich wieder ins Wasser zu stürzen.

Der Optiker hatte einen einzelnen Mann gesichtet, der ihnen verzweifelt zuwinkte, und sie hatten ihm den Rettungsring zugeworfen, sich jedoch stoisch darauf geeinigt, die Fahrt in Richtung einer Gruppe von fünf Menschen fortzusetzen, die sich fünfzig Meter weit entfernt aneinanderkrallten. Während sie diese retteten, hatte er versucht, mit dem Mann Blickkontakt zu halten, und ihm unentwegt Mut gemacht, ihm versprochen, zu ihm zurückzukehren und auch ihn zu retten. Doch als sie endlich bei ihm angekommen waren, hatte der Mann sich schon vom Ring gelöst, das Meer hatte ihn zu sich genommen. Keiner hatte ein Wort gesagt, als der Optiker den unbenutzten Rettungsring wieder an Bord holte. Dieser hatte sich wie zum Hohn ganz leicht angefühlt.

Kurz darauf trafen zwei Fischerboote ein, die auf die Pan-Pan-Meldung reagiert hatten. Gabriele hatte die Schiffssirene betätigt, und sowohl die Crew der *Galata* als auch die geretteten Migranten brüllten den Skippern zu, sie sollten langsamer fahren, da sie Angst hatten, die Schiffsschrauben könnten die noch im Wasser befindlichen Menschen zerfetzen. Der Optiker sah, wie die Fischerboote zögerten – aus der Ferne hatten sie nur eine Bootsladung Schwarzer gesichtet –, natürlich gab es strenge Gesetze gegen Hilfeleistungen für illegale Immigranten, und sie scheuten sich einzugreifen. Wieder spürte er Wut in sich aufsteigen. Wie konnte es sein, dass Italien das Gesetz über Menschenleben stellte? Er betrachtete das elende Häuflein der Überlebenden, die, notdürftig verhüllt mit Sitzbezügen und seinen eigenen alten Shorts und T-Shirts, an Deck kauerten und ihre Toten beweinten, ihre ertrunkenen Frauen und Kinder. Das Deck war überschwemmt von ihrem Erbrochenen, ihren Tränen und ihren Fäkalien.

Inzwischen war er müde geworden, aber das durfte er nicht zugeben. Während der letzten Rettungsaktion wäre er beinahe selbst vom Hecktritt gerutscht; als er den sich windenden Körper an Bord hievte und aufs Deck plumpsen ließ, hatte er das Gefühl gehabt, seine Arme seien mit

Watte ausgestopft statt mit Muskeln und Sehnen versehen. Seine Beine schlotterten. Aber er musste die Beschwerden seines Körpers ignorieren. Er musste weiter Leben retten. Es waren noch immer Menschen im Wasser, und sie brauchten ihn.

Er hatte keine Vorstellung davon, wie viele sie bereits gerettet hatten, aber das Boot war völlig überfüllt. Der Hecktritt befand sich beinahe auf Höhe der Wasseroberfläche; es stand fest, dass sie zu tief im Wasser lagen. Die *Galata* reagierte launisch unter der Belastung und gehorchte nicht mehr folgsam Gabrieles Befehlen. In ihrer Schwimmfähigkeit beeinträchtigt, war sie schwerfällig geworden und gefährlich außer Kontrolle geraten. Aber es waren noch immer Menschen im Wasser.

An Backbord sahen sie, dass eines der Fischerboote begonnen hatte, die Leichen, von denen das Meer übersät war, aus dem Wasser zu klauben. Von Seewasser aufgeblähte Körper wurden einer nach dem anderen unsanft und schwer wie rohes Fleisch an Bord geworfen. Jemandes Frau, jemandes Bruder, jemandes Sohn.

Der Optiker kletterte wieder zu seinem ursprünglichen Beobachtungsposten auf dem Kajütendach und suchte fieberhaft das Meer nach allem ab, was ein Lebenszeichen von sich gab. Er musste wieder den Griff einer Hand spüren, musste Finger spüren, die sich mit seinen verschränkten, Knochen, die an Knochen rieben. Er zitterte vor nervöser Energie.

»Da! Zwei Menschen! Auf drei Uhr!«

Trunken und unsicher durchschnitt die *Galata* die Wellen, als Gabriele das kleine Boot gegen dessen Willen zum Abdrehen zwang. Die Fender klatschten und hüpften auf der Wasseroberfläche und peitschten Gischt auf. Der Optiker kletterte wieder aufs Deck. Matteo hing bereits bäuchlings über dem Hecktritt, bereit, zappelnden Händen den Rettungsring zuzuwerfen. Kommt schon! Kommt schon! Die Köpfe tauchten unter; nur noch die Hände, inzwischen zu Fäusten geballt, waren zu sehen. Sterbt nicht! Wagt es ja nicht, zu sterben!

Sie rissen die Männer aus dem Wasser. Sie zerrten an ihren Fäusten und zogen an den Haaren der untergetauchten Köpfe, bis die Gesichter der ertrinkenden Männer, die Augen vor Schmerz verdreht, an die Oberfläche schossen. Der Optiker spürte, wie Finger sich mit seinen verschweißten, er spürte den elektrisierenden Kraftandrang, als sein Körper mit dem eines anderen verschmolz. Befeuert von Adrenalin, schleuderten Francesco und Matteo den ersten prustenden Mann an Bord; der Optiker spürte, wie durch seine Adern dieselbe ungezähmte Energie pulste, und als Matteo ihm half, den zweiten Mann an Deck zu stemmen, brüllte er laut auf.

Inzwischen rief Gabriele vom Ruderhaus, er habe das Boot nicht länger unter Kontrolle. Der Optiker spürte, wie es unter der Last stöhnte und immer tiefer ins Wasser glitt. Plötzlich wurde ihm vor Angst flau im Magen. Wie lange konnte die *Galata* sich über Wasser halten? Er blickte zu Teresa hinüber, die einem Mann über die Stirn strich, während dieser versuchte, Wasser aus einer Flasche zu schlürfen; ihre zierliche Gestalt stützte das Gewicht seines schlaff herabhängenden Kopfs. Seine Jungs würden ihm nie verzeihen, wenn er das Leben ihrer Mutter gefährdete. Sie würden ihm nie verzeihen. Aber es waren noch immer Menschen im Wasser!

Als Gabriele eben brüllte, sie müssten, um das Boot zu entlasten, Wasser und Ballast aus der Kajüte über Bord werfen, ertönten die beiden kurzen Sirenenstöße der Küstenwache. Beim Klang der Sirene bewegten sich die Überlebenden wie eine Herde nach Steuerbord, und von der jähen Bewegung irritiert, begann das Boot, sich zu neigen. Die Migranten kreischten auf vor panischer Angst.

»Zurück! Hierher zurück! Schnell!«, brüllte der Optiker.

Wieder auf dem Kajütendach, war der Optiker auf die Knie gefallen und klammerte sich mit dem rechten Arm an der kleinen Schranke fest, während er den Männern mit der Linken hektisch zuwinkte und sie anbrüllte, zurückzugehen. Als das Boot heftig schaukelte, verloren Matteo und Francesco den Halt; sie schrien und schubsten die Männer auf die andere Seite des Boots.

»Bewegt euch! Wir kentern! Bewegt euch!«

Die *Galata* schlingerte gefährlich, ehe sie unter der Überlast ächzend wieder aufs Wasser sackte.

Zitternd rappelte der Optiker sich auf und beobachtete, wie sich das rot-weiße Schiff der Küstenwache näherte, ein orangenes Schlauchboot an der Seite. Er hatte keine Ahnung, wie viele Menschen inzwischen an Bord der *Galata* waren, aber er wusste, es waren zu viele. Von seinem Aussichtspunkt zählte er rasch die Köpfe. Eins, zwei, drei, zehn ... zwanzig ... fünfunddreißig ... sechsundvierzig. Sechsundvierzig Männer und eine Frau. Plus acht Crewmitglieder. Alles in allem also fünfundfünfzig Menschen an Bord. Fünfundfünfzig Menschen auf einem Boot, das für höchstens zehn gebaut war.

Unter sich hörte er das Knistern des UKW-Funkgeräts. Gabriele sprach mit der herannahenden Küstenwache.

Der Optiker war erleichtert, dass Experten auf dem Weg waren, dass sie die geborgenen Migranten in Kürze auf das Schiff der Küstenwache überführen würden, damit die *Galata* die Suche nach Überlebenden fortsetzen konnte, ohne das Leben der anderen in Gefahr zu bringen. Kommt schon, kommt schon! Unter der Anleitung des professionellen Rettungsteams würden sie noch effizienter arbeiten können. Es wäre hilfreich, Befehlen zu folgen; unter ihrem Kommando würden sie noch schneller noch mehr Leben retten. Die Männer an Deck blickten erwartungsvoll zu ihm auf. Es würde ihnen gelingen. Sie würden Freunde und Familienangehörige der Überlebenden finden. Sie würde es schaffen.

Er blickte nach unten zu seiner Frau. Allerdings wäre es besser, wenn Teresa zusammen mit den Migranten das Schiff der Küstenwache bestiege; sie war so zäh gewesen hier draußen. Wirklich unglaublich, wie sie sich um jeden gekümmert hatte, wie schnell sie reagiert, nie auch nur eine Sekunde innegehalten hatte! Aber natürlich mussten sie, die Männer, die Suche unbedingt fortsetzen. Sie konnten nicht anders.

Er hörte, wie Gabriele laut wurde. Gabriele brüllte aus dem Ruderhaus zum Schiff der Küstenwache hinüber, das sich mittlerweile neben dem Rumpf der *Galata* befand.

»Nein! Sie müssen sie übernehmen! Wir müssen weitersuchen – es sind noch immer Menschen im Wasser!«

Der Optiker kniff die Augen zusammen und sah, wie ein Offizier der Küstenwache wiederholt die Handgelenke kreuzte, eine Geste, die nur eines bedeuten konnte: »Schluss.« Der Offizier wollte ihnen doch nicht etwa einreden, dass sie die Suche abbrechen sollten? Nein, das konnte nicht sein. Es wäre undenkbar, aufzugeben! Es wäre Wahnsinn! Dort unten, unter der Lippe der gekräuselten Welle, war das eine Hand oder nur ein Schatten? Konzentriere dich, Mann! Hatte sich da draußen etwas bewegt? Sein Blick durchbohrte das Wasser. War da draußen jemand? Er zwinkerte, versuchte, den Blick zu fokussieren. Aber die riesige blaue Weite des Meers starrte nur zurück.

Falls es eine Hand gewesen war, so war sie jetzt verschwunden. Vor ihm wälzte sich das Meer, und seine diskreten Wellen waren nicht mitteilsam. War es eine Hand gewesen? Hatte er sie übersehen? Seine Augäpfel pochten vor Anstrengung. Er musste sich weiter konzentrieren.

Elena und Maria beteiligten sich an der inzwischen hitzigen Diskussion mit dem Kapitän der Küstenwache, dem Matteo wütend entgegenhielt: »Übernehmen Sie wenigstens einige der Passagiere! Wir können hier weitermachen! Machen Sie sich nicht lächerlich!« Francesco fluchte.

Der Optiker spürte sein Herz klopfen. Man befahl ihnen, die Suche einzustellen! Man befahl ihnen tatsächlich, aufzugeben! Es war verrückt! Es war der reine Wahnsinn – sie durften nicht aufgeben! Sie konnten diese Menschen doch jetzt nicht im Stich lassen. Verdammt, sie hatten siebenundvierzig Menschenleben gerettet! Sie brauchten nur ein wenig Unterstützung bei der Verladung der Überlebenden! Um Himmels willen, es war undenkbar, die Rettungsaktion abzubrechen, diese armen Menschen abzuschreiben, die darauf vertrauten, dass sie die anderen finden würden. Kommt schon!

»He!«, rief er dem Kapitän aggressiv zu. »Da sind Frauen und Kinder im Wasser! Wir müssen sie finden, und wir verschwenden hier nur Zeit! Um Gottes willen, wir haben keine Zeit!«

Der Kapitän blieb stur. Es sei zu gefährlich, beharrte er, auf hoher See einen Transfer von Passagieren zu unternehmen, überhaupt verbiete das Protokoll ein solches Manöver. Was sie vorschlügen, verstoße gegen offizielle Abläufe, da es weitere Menschenleben gefährde. Außerdem sei offensichtlich, beharrte der Kapitän, dass die Crew der *Galata* nach stundenlanger Suche erschöpft sei und diese beenden müsse. Daher, fügte er kühl hinzu, werde die Küstenwache zusammen mit den Fischerbooten bei der Such- und Rettungsaktion den Platz der *Galata* einnehmen. Die *Galata* müsse mit den überlebenden Migranten, die zur medizinischen Untersuchung in das Erstaufnahmezentrum gebracht werden würden, sofort in den Hafen von Lampedusa zurückkehren. Er kreuzte die Arme in der Form eines X. Inzwischen stünden andere Boote zur Verfügung, und der Zeitpunkt sei gekommen, die Suche zu beenden.

Es war vorbei.

Genau in dem Moment, als der Kapitän seine Befehle erteilte, machte ein Offizier auf dem Schiff der Küstenwache ein Foto von der *Galata*. Sie liegt so tief im Wasser, dass einer der Fender kaum noch zu sehen ist, und ein Migrant, der in der apfelgrünen Badehose des Optikers dasitzt, lässt die Beine durchs Sicherheitsgeländer baumeln und über die Wasseroberfläche schleifen. Das Bild ist ein wenig unscharf, aber man erkennt Gabriele, der sich, die hohe Stirn in Falten gelegt, aus dem Ruderhaus beugt und angestrengt versucht, die Worte des Kapitäns zu verstehen, während ein Migrant, vielleicht der letzte, den sie aus dem Meer gezogen hatten, hinter einem weißen Bettlaken hervorlugt.

Der Optiker auf dem Kajütendach trägt eine aufgekrempelte königsblaue Hose und kehrt der Kamera den nackten, kräftigen Rücken zu. Es ist im Begriff, sich umzudrehen, und hat sein Gewicht auf das rechte Bein verlagert; das linke Bein schwingt eben herum. Sein Blick ist unverwandt nach vorn, auf die gewaltige Weite des Wassers vor ihm gerichtet, sein linker Arm ausgestreckt, als wolle er rufen:

»Da! Zwei Hände auf neun Uhr!«

Man sieht deutlich, dass es für den Optiker noch längst nicht vorbei ist. Er sucht noch immer, durchkämmt das Wasser und will unbedingt Leben retten.

# 6.

Auf ihrer langsamen Fahrt zurück zum Hafen gaben sie ein erbärmliches Bild ab; die *Galata* bewegte sich schmollend durchs Wasser, stöhnte unter ihrer schweren Fracht und protestierte jedes Mal, wenn das kabbelige Meer, angestachelt vom aufkommenden Wind, ihre Reise schwieriger gestaltete. Das Innere des Boots war ausgeweidet – die Vorhänge zerrissen, die Kajüte verwüstet. Das Deck war mit Schmutz überzogen, die zerlumpte Crew lehnte in größtem Kummer zusammengesackt gegen das Schandeck. Fast jeder weinte. Das anfängliche Schreckensgeschrei war von einem trübseligen Schluchzen abgelöst worden, das den Optiker zutiefst schmerzte.

Im Bug, abseits von den anderen, saß die einzige Frau, die sie hatten retten können, den Blick beharrlich auf das herannahende Ufer gerichtet, auf die Gestade Europas, die sie, wie der Optiker dachte, so hoffnungsvoll herbeigesehnt haben musste. Ihre Trauer war undurchdringlich; tiefer noch, vermutete der Optiker, während er ihr Gesicht betrachtete, als das offene Meer, in dem ihr Bruder und ihre Landsleute soeben den Tod gefunden hatten. Ihr Leid schien so gewaltig, so ungeheuer intim, dass es ihn fast ängstigte, sie anzuschauen.

Fast niemand sprach. Teresa weinte zusammen mit den Männern, hielt ihre Hände, klopfte ihnen auf die Schultern, bot ihnen schweigend Wasser und Kekse an, bemutterte und tröstete sie. Er wusste, er sollte zu ihr gehen, ihre

Hand in seine nehmen, doch er konnte nicht darauf vertrauen, dass er in ihrer Umarmung stark bleiben würde. Natürlich war er jetzt erschöpft, er spürte, dass die Kräfte seinen Körper verlassen hatten. Doch noch mehr als seine körperliche Müdigkeit spürte er deutlich, dass etwas Grundlegendes in ihm zerbrochen, weggesplittert war. Etwas war ihm abhandengekommen, etwas war ihm genommen worden und für immer verloren.

Er sah hinab auf das glitzernde Wasser. Er hatte das Meer stets respektiert; hatte stets gewusst, dass es weit größer und stärker war als er, doch immer, wenn er auf seine funkelnde Oberfläche blickte, hatte er stets eine Art Verwandtschaft mit ihm empfunden. Jetzt spürte er seine Feindseligkeit – oder zumindest seine Ambivalenz –, denn jetzt wusste er, wie hinterhältig und wie zielstrebig es so viele Menschen in die Tiefe gerissen hatte. Wie viele andere Migrantenboote waren in aller Stille auf seinen Grund gesunken? Wie viele andere verzweifelte Menschen hatten seinen mächtigen Wellen ihren letzten Atemzug geschenkt? Er warf einen Blick auf die Männer, die sie gerettet, auf die Männer, die dem Meer getrotzt hatten. In der unendlichen Weite fiel die nur fünfzehn Meter lange *Galata* kaum ins Gewicht. Das Meer verhöhnte sie nur, ließ sie in dem Glauben, sie hätten gewonnen. Er konnte geradezu hören, wie es im gekräuselten Kielwasser in sich hineinlachte, wie es ihn verspottete, weil er so viele Menschen in seinen Klauen zurückgelassen hatte.

Sie mussten zurückfahren! Unbedingt! Sie würden die Überlebenden am Hafen absetzen und umkehren. Er spürte, wie die vertraute nervöse Energie wieder durch seine Adern pulsierte. Natürlich würde Gabriele einwilligen. Und auf Francesco und Matteo war ohnehin Verlass. Sie würden zurückfahren.

Die Anzahl von Polizisten und uniformierten Beamten am Hafen schockierte den Optiker. Der Kai wimmelte nur so von ihnen. Sie funkten, liefen hektisch auf und ab und drängten neugierige Schaulustige beiseite. Als das Boot anlegte, wichen einige der Migranten beim Anblick der Pistolen und Knüppel und beim schrillen Sirenenlärm der Polizeiwagen ängstlich zurück. Wieder fühlte er Wut in sich aufsteigen, wollte die Beamten warnen, sich zurückzuziehen, und in den Gesichtern seiner Freunde spiegelten sich ähnliche Gefühle. Um Himmels willen, hört auf, sie wie Verbrecher zu behandeln! Ihr habt nicht die geringste Ahnung, was diese Menschen durchgemacht haben! Teresa hatte sich zum Bug der *Galata* vorgedrängt und versuchte, ihre Schützlinge mit dem eigenen Körper abzuschirmen, wie ein Tier es getan hätte.

Als man den Männern vom Boot half und sie in die Polizeiwagen verfrachtete, hatte sie die Fassung verloren. Am Kai war sie auf die Knie gesunken und hatte geheult wie eine Mutter, die von ihren Kindern getrennt wird. Man hatte sie von dem ersten Mann, den sie gerettet hatten, losgerissen – dem Halbwüchsigen, dem sie ihr zinnoberrotes T-Shirt gegeben hatte. Mit beiden Händen hatte sie sich an seine Hand geklammert, und als ein Polizeibeamter sie trennte, war sie vor Schmerz ganz außer sich geraten. Maria erging es genauso – Francesco hatte bei ihr auf dem Bürgersteig gesessen, bis sie aufhörte zu zittern. Elena und Giulia hielten einander umarmt und schluchzten hemmungslos; sie blickten nicht auf, als die Motoren der Polizeiwagen angelassen wurden. Der Optiker wünschte, er hätte es auch nicht getan. Durch die Fenster sah er, wie die Migranten, die Finger erwartungsvoll an die Scheiben gepresst, ihn aus angsterfüllten Gesichtern anstarrten, und wurde von Schuldgefühlen überwältigt, weil er nicht mehr Menschen gerettet hatte.

Er fühlte sich hilflos. Er verfügte über keine gemeinsame Sprache, mit der er diesen verzweifelten Menschen hätte Mut zusprechen können, und selbst wenn er darüber verfügt hätte, dachte er bitterlich, was hätte er ihnen sagen sollen? Dass alles gut werden würde, dass sie alle glücklich leben würden bis ans Ende ihrer Tage? Er war mit der Prozedur nicht vertraut, er hatte keine Ahnung, wie man jetzt mit ihnen verfahren würde.

»Einige von ihnen sind sehr krank!«, brüllte er durch das offene Fenster des Polizeiwagens. »Sie brauchen medizinische Versorgung! Bitte – sie waren stundenlang im Wasser.«

Der Polizeibeamte reckte den Daumen in die Höhe, und das elektrische Fenster schloss sich geräuschlos. Der Wagen fuhr davon.

Gabriele und Matteo waren bereits auf das Boot zurückgekehrt und spritzen das verschmutzte Deck mit dem Schlauch ab. Francesco sprach mit einem Polizisten, er wollte eine offizielle Aussage über das Vorgefallene machen. Als der Optiker sich näherte, hörte er Francesco sagen, das Meer sei »mit Leichen übersät« gewesen. Er unterbrach höflich und fragte den Beamten, ob es möglich wäre, ihre Aussagen etwas später zu machen, vielleicht am Nachmittag oder am Abend. Sie würden sich, erklärte er, gern wieder der Rettungsaktion anschließen.

Der Polizeibeamte, ein schwerer Mann mit wettergegerbtem Gesicht, sah ihn verdutzt an.

»Kumpel«, sagte er nicht unfreundlich. »Da draußen sind mittlerweile sechs Boote im Einsatz. Aber es sind bereits Stunden vergangen. Das ist keine Rettungsaktion mehr – das ist ein Bergungseinsatz. Gerade haben wir das Taucherkommando verständigt.«

Es war also tatsächlich vorbei.

Langsam gingen die Frauen zusammen nach Hause – der Optiker und die anderen Männer blieben zurück, um die *Galata* zu reinigen. Sie arbeiteten ruhig und effizient, wechselten kaum ein Wort, während sie die Salzflecken vom Bootskiel schrubbten, die Taue einrollten und den Müll in Säcke packten. Der Optiker hatte den Eindruck, dass sie alle übertrieben bedächtig zu Werke gingen – keiner von ihnen schien es sonderlich eilig zu haben, Feierabend zu machen. Als sie sich schließlich am Fuß des kleinen Hügels, der zur Stadt führte, verabschiedeten, umarmten sie einander fest wie Brüder.

Teresa schluchzte noch immer, als er nach Hause kam. Sie sagte, sie könne einfach nicht aufhören, sie wisse nicht, wie. Er hielt sie in den Armen und spürte, wie ihr schlanker, zerbrechlicher Körper zitterte, aber er merkte, dass er nicht wusste, was er sagen sollte, dass er nicht wusste, wie er sie trösten konnte. Er konnte die Geschehnisse des Tages ja nicht einmal selbst begreifen; er konnte sich keine Deutung der Ereignisse ausdenken, die die Wirkung, die sie auf sie hatten, abgemildert hätte.

Als er seine Frau eng an sich drückte, spürte er wieder die kalte, ölige Haut des ersten jungen Mannes, den sie aus dem Wasser gefischt hatten – er erinnerte sich daran, wie das Herz des Jungen an seiner nackten Brust gepocht hatte, erinnerte sich an die eigene instinktive Freude, als er Leben in ihm spürte.

Unter der Dusche weinte er ein wenig. Es fühlte sich verkehrt an, unter dem heißen Wasserstrahl Trost zu finden, den Schweiß und die Tränen dieses furchtbaren Tages einfach wegzuspülen. Ständig musste er an die Kinder denken, die sie hätten finden sollen, aber nicht gefunden hatten; ständig musste er daran denken, wie verängstigt sie gewesen sein mussten, als das Meerwasser in ihr Boot zu strömen begann. Er durfte es nicht. Er durfte nicht darüber nachdenken, durfte sich nicht erlauben, darüber nachzudenken. Aber was, wenn dort draußen noch immer Menschen waren, Menschen, die verloren waren, die die Fischerboote und die Küstenwache übersehen hatten? Was, wenn sie auf ihn warteten?

Er war stets ein Mann gewesen, der von dem, was er vorhatte, ziemlich überzeugt war, der sich seiner selbst und seiner Entscheidungen ziemlich sicher war. Jetzt verspürte er dieselbe nervenaufreibende Zerrissenheit, die ihn auf der traurigen Fahrt zurück zum Hafen begleitet hatte. Es war, als hätte er einen Teil von sich in den Wellen zurückgelassen, bei denen, die er nicht hatte retten können. Ein Teil von ihm war mit ihnen gestorben.

Hatte er wirklich alles gegeben? Seine Gedanken begannen zu rasen, seine Erinnerung förderte Schicht um Schicht undeutliche und verschwommene Details über all die anderen Schiffe zutage, die vor der Küste Lampedusas gesunken waren. Ihm fiel ein, dass er, als in der Woche zuvor von ertrinkenden Migranten vor der Küste Siziliens die Rede war, das Radio ausgeschaltet hatte. Er hatte sich von ihnen abgewendet. Er hatte, als er sein Frühstück aß, ihre winkenden Hände nicht sehen wollen. Aber was, wenn er dort gewesen wäre? Vielleicht hätte er seine Finger mit ihren verschränken können und gezogen.

Er hob sein Gesicht zum Brausekopf und ließ das Wasser auf seine geschlossenen Augen und Lippen trommeln. Sein Vater hatte immer gesagt, in jedem von uns sei eine dicke schwarze Linie gezogen, an der wir uns und unser Verhalten messen können, nach der wir bewerten können, was richtig und was falsch ist. Er hatte diese dicke schwarze Linie in sich stets stark empfunden und seine Handlungen, seine Prioritäten und seine Werte daran orientiert. Er wusste, wann er die Marke nicht erreicht hatte, und seine innere Messuhr warnte ihn, wenn er im Begriff war, einen Fehler zu begehen. Sein ganzes Leben überprüfte er an diesem Maßstab. Und jetzt schien ihm die Linie nicht länger gerade oder durchgehend zu sein. Sie war gewellt und unterbrochen, und er konnte seine Position nicht länger an ihr messen. Mit der Gewissheit war es vorbei. Er ließ das heiße Wasser über Hals und Brust laufen, fand aber keinen Trost darin. Er fühlte sich verwundbar.

An jenem Nachmittag ging er zur Arbeit. Sich in Arbeit zu vertiefen, in seine gewohnte Routine, war die einzige Möglichkeit, seine Gedanken zu ordnen und fein säuberlich zu katalogisieren, seinen zerbrochenen Ordnungssinn zusammenflicken. Teresa war vor nervöser Erschöpfung auf dem Bett eingeschlafen, und er hatte im Kühlschrank etwas zu essen gefunden und war hinuntergegangen, um den Laden zu öffnen. Ein paar Stunden verbrachte er damit, die Warenbestandslisten durchzugehen, dann rief er einen Zulieferer in Neapel an und reparierte einem älteren deutschen Touristenpaar, das auf die Insel gekommen war, die Sonnenbrille.

Er gab sich professionell, lächelte höflich und hatte doch die ganze Zeit über das vernichtende Gefühl, wie absurd das alles war, wie lächerlich unwichtig seine Routine, wie belanglos seine Arbeit, verglichen mit diesem Morgen, als er sich wirklich lebendig gefühlt hatte. Dieser Morgen hatte tatsächlich etwas bedeutet.

Unwillkürlich ballte er die Fäuste, spannte die schmerzenden Armmuskeln an und machte sich auf eine Zerrung gefasst. Er sah die schreckgeweiteten gelblichen Augen, die bebenden, mit schleimigem Dieselöl verschmierten nackten Körper, die zitternden Gestalten, die unter knallbunten Strandtüchern kauerten. Ihm wurde klar, dass er sich danach sehnte, bei ihnen zu sein. Er wollte wieder ihre Hände halten, mit ihnen reden. Er wollte sich zu ihnen setzen und sie fragen, wie es ihnen ging, wer sie waren, weshalb sie hierhergekommen waren. Er wollte wissen, ob die Fischerboote oder die Küstenwache ihre Familien gefunden hatten, ob sie mit ihren Angehörigen wieder vereint worden waren. Er musste wissen, was geschehen war. Er würde sie nicht aufgeben.

Rasch schloss er das Geschäft, sperrte ab und rannte die Treppe zur Wohnung hinauf. Teresa zuckte zusammen, als er die Tür aufstieß. Er sah, dass sie ihr Handy in der Hand hielt und ihr Gesicht noch immer wund vom Weinen war.

»Ich habe mit Giulia gesprochen«, sagte sie tränenerstickt, als sie das Telefon aufhob. »Und wir sind uns alle einig. Wir wollen heute Abend zum Erstaufnahmezentrum. Wir müssen sie sehen.«

## 7.

Das Erstaufnahmezentrum lag nur zehn oder fünfzehn Minuten Fußweg entfernt; auf den Motorroller hatten sie verzichtet. Die Park- und Grünstreifen entlang der Auffahrt waren mit Polizei- und Mannschaftswagen vollkommen zugeparkt; wie der Optiker zu Gabriele bemerkte, allesamt so dicht und geschickt aneinandergedrängt wie die Autos der Fußballfans vor dem Stadio San Paolo bei einem Heimspiel von Neapel. Sie mussten auf die Fahrbahn hinaustreten, um den vorstehenden Stoßstangen auszuweichen.

Ein älteres Ehepaar, beide in rote Fleecejacken gekleidet und etwas wackelig auf den Beinen, kam Hand in Hand auf sie zu. Der Optiker zuckte unwillkürlich zusammen, als er sah, wie die billige dunkelblaue Hose des Mannes um seine Knöchel schlenkerte; eine akzeptable Länge verfehlte sie um gut drei oder vier Zentimeter.

»*Buona sera!*«

Die beiden lächelten breit, als sie sich näherten. Offenbar kannten sie Francesco von irgendwoher, und sie blieben stehen, um ein paar Höflichkeiten mit ihm auszutauschen, erkundigten sich nach seinem Befinden und nach der Eisdiele seiner Tochter. Ihre Eiscreme kauften sie nur bei ihr, versicherte der Mann Francesco, denn auf Lampedusa sei sie die beste. Der Optiker sah, dass die Frau ausdrücklich auch ihn anlächelte, als ob sie einander ebenfalls kannten, doch konnte er sie nicht recht einordnen. Er war sich sicher, dass er ihr in den vergangenen zwei Jahren keine Brille angepasst hatte. Er brüstete sich damit, ein ausgezeichnetes Gedächtnis für die Gesichter seiner Kunden zu haben. Zögernd erwiderte er ihr Lächeln.

Der ältliche Mann wies mit dem Daumen über die Schulter hinweg auf den Eingang des Erstaufnahmezentrums und fragte, ob das Bootsunglück, das sich heute ereignet habe, nicht eine furchtbare Sache sei. Die Polizei vermute, dass Hunderte ertrunken seien. Seine Stimme zitterte ein wenig, als er sprach, und seine Frau tätschelte ihm beschwichtigend den Arm. Sie seien hingegangen, um gebrauchte Kleidungsstücke für die Überlebenden abzuliefern, erklärte er. Die armen Teufel hätten ja alles verloren.

Mit wenigen Worten fasste Francesco zusammen, was sich an diesem Morgen an Bord der *Galata* ereignet hatte. Wie sie all die Menschen im Meer entdeckt und versucht hatten, so viele wie möglich zu retten. Die Einzelheiten ersparte er ihnen. Während Francesco ihre Geschichte erzählte, scharrte der Optiker mit der Spitze seines Turnschuhs auf dem Boden und betrachtete die Muster, die er in den Staub zeichnete.

Sie waren völlig entsetzt, die beiden Alten. Die Frau wimmerte, hielt sich die Hände vor den Mund, und in die tiefen Falten ihrer Wangen flossen dicke Tränen. Auch der alte Mann weinte, bekreuzigte sich und sah zum Himmel empor, vielleicht um Gott dafür zu danken, dass er den Migranten die *Galata* geschickt hatte, vielleicht aber auch, um Ihn zu fragen, weshalb um Himmels willen Er die Tragödie überhaupt erst zugelassen habe, dachte der Optiker bitter.

So mutig, sagte die alte Frau zu ihnen. Sie alle sind so

mutig. Der Optiker schaute nicht auf. Er hörte, wie das ältliche Ehepaar sich entschuldigte und ihnen noch einen Guten Abend wünschte. Dann hob er den Blick und sah, dass die alte Frau, den Kopf leicht zur Seite geneigt, ihn neugierig betrachtete. Sie lächelte mitfühlend, beugte sich dann vor und drückte fest seinen Arm.

»Gott segne Sie, mein Lieber«, sagte sie und humpelte, die Hand ihres Mannes suchend, davon.

Da fiel ihm wieder ein, wer sie war. Es war die Frau, die kürzlich ins Geschäft gekommen war, um nach abgelegten Kleidern und Schuhen zu fragen. Die Frau, die er weggeschickt hatte.

Er zuckte zusammen, als an seinem rechten Schenkel ein großer braun gefleckter Hund vorbeischlich. Hoch über seinem Rücken ringelte sich ein dünner, rattenartiger Schwanz. Der Hund lief auf das schwere, drahtbewehrte Tor des Erstaufnahmezentrums zu, scharrte mit den Vorderläufen und rieb in der Hoffnung, die Aufmerksamkeit des Wächters zu erregen, seinen räudigen Kopf am Maschendraht. Der Optiker sah zu, wie der junge Beamte grinsend aufstand, um die Tür zu öffnen.

»Frechdachs!«, scherzte er und tat so, als wollte er dem Hund einen Tritt ins Hinterteil verpassen. »Kannst von den Burschen einfach nicht genug kriegen, was?«

Der Hund ignorierte seinen Beschützer und hielt schnurstracks auf die Schlange von Migranten zu, die um ihr Abendessen anstanden. Er trabte zu einer Gruppe von Männern, die, grobe Armeedecken um die Schultern geworfen, im Staub kauerten und aus Plastikschüsseln löffelten. Der Hund setzte sich vor sie hin und leckte sich erwartungsvoll die schwarzen Lefzen.

Als sich der Optiker und seine Freunde dem Eingangstor näherten, fiel die Metalltür klirrend wieder ins Schloss.

»He! Augenblick mal!«, rief der Optiker. »Können Sie uns bitte reinlassen? Wir suchen ... wir suchen die Leute, die heute Morgen hier angekommen sind.«

Der Wächter beäugte sie skeptisch.

»Zu welcher NGO gehören Sie denn?«, fragte er Kaugummi kauend, musterte ihre Gesichter und suchte die Brust des Optikers nach einem Lichtbildausweis ab.

»Nein, nein«, sagte der Optiker ungeduldig und tat die Idee mit einer Handbewegung ab. »Wir kommen von keiner Organisation. Es ist nur so, wir ... wir kennen einige von den Leuten, die heute Morgen angekommen sind, und wir müssen sie sehen.«

Teresa trat vor.

»Wir müssen sie wirklich dringend sehen«, beharrte sie. »Es ist sehr wichtig.«

Der Wächter kaute eine Weile, dann zuckte er mit den Schultern.

»Die Öffentlichkeit hat zu dem Erstaufnahmezentrum keinen Zutritt«, sagte er streng. Er legte den Kopf zurück und warf ihnen einen prüfenden Blick zu.

»Sind Sie Journalisten? Wenn Sie nämlich Journalisten sind, sollten Sie wissen, dass die Bürgermeisterin bereits eine Stellungnahme über die Ereignisse von heute Morgen abgegeben hat, und mit den Migranten bekommen Sie keine Interviews, verstanden?«

»Wir wollen keine Interviews!«, entgegnete der Optiker gereizt, während die anderen verärgert von einem Bein aufs andere traten und zu murren begannen. »Wie müssen mit ihnen reden, in Ordnung? Hören Sie, wir kennen diese

Leute. Wir … wir haben sie heute Morgen aus dem Wasser gezogen.«

»Geht nicht, Kumpel«, sagte der Wächter freundlich. Er nahm seine Mütze ab und strich sich die Haare aus der Stirn. »Das waren also Sie? Na, da haben Sie aber 'ne beachtliche Rettungsaktion hingelegt – es heißt, da draußen wären heute Hunderte ertrunken.«

Er zog sich in sein kleines Wachhäuschen zurück und rief ihnen über die Schulter zu, er werde den Chef anfunken, um zu sehen, was sich machen ließe.

Der Optiker und Maria steckten die Finger durch den Drahtzaun und blickten auf die Gruppe Migranten, die im Dämmerlicht bei den Bäumen hockten und aßen. Waren das die Menschen, die sie heute gerettet hatten? Waren sie es gewesen, die weinend auf dem Deck ihres Boots gesessen und keuchend die süße Luft des Lebens eingeatmet hatten? Teresa und Giulia winkten der Gruppe zögerlich zu, doch die Männer, aufs Essen konzentriert, schienen durch sie hindurchzusehen, und keiner winkte zurück. Als sie ihre Rationen verzehrt hatten, ließen die Asylsuchenden ihre Plastikschüsseln achtlos auf den Boden fallen, und der Hund ergriff rasch die Gelegenheit, schnappte sich eine nach der anderen und schleifte sie ein Stück weit zu der Baumreihe, um sich allein daran zu erfreuen.

Wenn man so durch den Zaun spähte, ließ sich nur schwer feststellen, woraus das Erstaufnahmezentrum eigentlich bestand. Auf der rechten Seite schienen lediglich riesige Bäume zu stehen, auf der linken Seite war eine Reihe unscheinbarer niedriger, weiß getünchter Gebäude zu erkennen, die so gleichförmig und anonym aussahen, dass sie ebenso gut Büroräume oder Schlafsäle hätten sein können. Vor den hinteren Gebäuden patroullierten unzählige Polizisten in dunkelblauen Uniformen.

»Der Chef ist beschäftigt!«, rief der Wächter, als er sich aus seinem Wachhäuschen lehnte. »Aber die Antwort lautet nein!« Er trat zurück in sein Wachhäuschen und griff zum Hörer.

»He!«, brüllte der Optiker zurück. »Lassen Sie uns nicht stehen! Bitten Sie jemand anderen, herauszukommen und mit uns zu reden – wir müssen rein!« Er rüttelte am Zaun. »He!« Der Wächter schloss ruhig die Tür.

Der Pfad vor dem Erstaufnahmezentrum grenzte rechter Hand an eine steile, grasbewachsene Böschung, die mit Müll übersät war. Matteo versuchte hinaufzuklettern, schlitterte aber wieder herunter, da sein Fuß auf einem halb leeren Pizzakarton ausrutschte. Er fluchte und wischte sich an dem struppigen Blätterwerk die Tomatensauce vom Schuh, bevor er es ein Stück weiter weg vom Tor erneut versuchte. Diesmal gelang es ihm, auf den Kamm hinaufzuklettern. Er rief die anderen zu sich.

»Kommt! Hier oben können wir am Absperrzaun entlanggehen, vielleicht können wir von hier in die Gebäude hineinschauen.«

Als sie einer nach dem anderen die trockene Böschung erklommen, kullerten kleine Steine herab. Der Optiker streckte die Hand aus, um Elena Halt zu geben, die in ihren Sandalen ausglitt; das Herz hüpfte ihm in der Brust, als ihre Finger nach seinen griffen.

Auf dem Kamm lag ein Haufen weggeworfener Kleidungsstücke. In der abendlichen Brise wippten ein paar Spielkarten, eingepfercht von scharfen Grashalmen, und ein kleines schwarzes Notizbuch, das, von Wasser durchtränkt, ganz verquollen und gewellt aussah, fächelte seine allmählich trocknenden Seiten auf. Francesco hob es auf und blätterte darin, doch die Schrift auf den Seiten war völlig verlaufen. Gabriele lenkte ihre Aufmerksamkeit auf ein hellrotes Sweatshirt, das den unwahrscheinlichen Slogan »Willkommen in Kalifornien!« verkündete, und als Teresa es beiseitestieß, sahen sie einen winzigen, verwaschenen grün-weißen Strampelanzug mit Löchern in den Zehen.

Vorsichtig gingen sie weiter. Der Optiker spürte etwas Gummiartiges unter seinem Turnschuh und sprang erschrocken zurück. Er hob den Fuß und sah, dass er auf den Kopf einer gliederlosen Plastikpuppe getreten war, deren verzerrtes Gesicht, nunmehr mit dem Abdruck seines Schuhs tätowiert, aus einem meerblauen Auge in den Himmel starrte. Ihr linkes Auge war von dem Gewicht des Fußes tief in seine Höhle gedrückt worden, und aus einer Batterie im Brustkorb tropfte eine rostige Flüssigkeit auf das schüttere Gras. Die ramponierte Puppe hatte etwas zutiefst Beunruhigendes an sich. Er blieb ein paar Sekunden zurück, dann stieß er mit der Spitze seines Fußes ein Paar schmutziger Shorts hoch, um die nackte Puppe zu bedecken.

Sobald sie den Zaun erreichten, fing der räudige Hund wütend zu bellen an; der Optiker vermutete, dass er Angst davor hatte, sie könnten ihm seine Nudelschüsseln streitig machen. Der Hund raste die Böschung hinauf und knurrte sie durch den Maschendraht hindurch an; sein struppiger Bart war mit Tomatensauce verkrustet. Die Männer, denen sie beim Essen zugesehen hatten, unterbrachen ihre Unterhaltung und starrten ausdruckslos zu ihnen herauf. Maria rief ihnen etwas auf Englisch zu, und ein paar der Männer hoben misstrauisch die Hand zum Gruß. Sie gaben keinerlei Anzeichen, dass sie die Crew der *Galata* erkannten. Sie konnten es nicht gewesen sein.

Sie schlichen weiter an der Einzäunung entlang, und der Hund folgte ihnen und knurrte missmutig. Unter dem Dach eines riesigen Abstellplatzes saßen Hunderte schwarzer Männer in Jogginghosen und Flip-Flops mutlos zusammengesackt auf Betonbänken oder standen gähnend gegen die Pfeiler gelehnt. Der Optiker musterte sie angestrengt auf der Suche nach bekannten Gesichtern. Maria rief den Männern erneut etwas zu, was den Hund vollends in Rage brachte. Einer der Männer regte sich, blickte auf, löste sich dann von seiner Bank und kam auf sie zugeschlendert. In seinen Flip-Flops kletterte er langsam die dornige Böschung hinauf.

»Sehr trauriger Tag«, sagte er in stockendem Italienisch. »Viele meiner Landsleute stirbt, und alle hier weinen. Ihr Journalisten, ja?« In ihrer Hast zu erklären, weshalb sie gekommen seien, begannen sie, wild durcheinanderzureden. Der Mann faltete die Hände. »Gott segne euch«, sagte er und zog ein kleines buntes Holzkruzifix aus der Hosentasche. »Hier viele gute Menschen, die uns helfen. Und wir alle Eritreer sagen danke.« Er küsste das Kreuz. »Aber wisst ihr, euer Boot nicht das erste, das sie erreicht hat«, seufzte er. »Ein anderes Boot ist vorbeigekommen, aber hat nicht angehalten.«

Ein empörtes Raunen ging durch die Crew der *Galata*. Der Optiker ergriff durch den Zaun hindurch das T-Shirt des Mannes. »Das ist nicht möglich!«, rief er. »Das kann nicht wahr sein! Wer hält nicht an, wenn er Menschen in Not sieht?«

Inzwischen standen sie alle dicht an den Zaun gedrückt.

»Nein!«, protestierte Gabriele. »Nein, nein, nein!« Seine Haut sah wächsern aus. »Bitte, nein!« Der Eritreer schüttelte traurig den Kopf und setzte eben zu einer Antwort an, als ein Polizist, der auf den von dem Hund verursachten Tumult aufmerksam geworden war, schrill in seine Trillerpfeife blies. Der Mann jagte hastig die Böschung hinab, um seinen ursprünglichen Platz auf der Betonbank einzunehmen, und starrte wieder zu Boden. Der Polizist klatschte in die Hände.

»Runter da!«, warnte er. »Sie haben da oben nichts zu suchen!« Es war offensichtlich, dass er nicht den Hund meinte.

Ein paar seiner Kollegen schlossen sich ihm neugierig an, und der Optiker brüllte zurück, um zu erklären, was sie wollten, weshalb sie da waren. Seine um die Maschen geschlungenen Finger waren weiß, und er hatte die Stirn gegen den grünen Plastikdraht gepresst.

»Es ist mir egal, wer Sie sind«, entgegnete einer der Polizisten. »Sie dürfen hier nicht rein, und Sie dürfen mit den illegalen Einwanderern nicht sprechen.«

Die Frauen protestierten und flehten die Wächter an, ihnen wenigstens Auskunft über die Menschen zu geben, die sie gerettet hatten. Doch die Wächter schüttelten kühl den Kopf und wollten nicht einlenken. Vor lauter Frustration trat Matteo gegen den Zaun. Der Optiker verstand die Geste. Es fühlte sich an, als hätten sie sie ein zweites Mal verloren.

»Ach bitte«, rief Teresa, die jetzt ebenfalls vortrat und sich an den Zaun klammerte. »Bitte lassen Sie uns doch fünf Minuten zu ihnen. Nur fünf Minuten!« Inständig sah sie ihren Mann an.

»Es ist uns sehr wichtig«, versuchte er die Wächter zu überzeugen, und seine Stimme zitterte ein wenig. »Sie sind unsere … sie sind meine …« Plötzlich verstummte er.

Was waren sie für ihn? Als Freunde konnte man sie nicht bezeichnen; er wusste nicht einmal ihre Namen oder woher sie stammten. Und doch spürte er eine Verbindung zu ihnen, die über Freundschaft weit hinausging. Die Menschen, die er gerettet hatte, standen am Rande ihrer Existenz. Und als er ihre Hände in den seinen gehalten hatte, als er zugesehen hatte, wie sie an Deck der *Galata* ihre ersten Atemzüge taten, hatte er gewusst, dass er die Essenz des Lebens selbst berührt hatte. Sie hatten ihm in die Augen gesehen und sich dafür entschieden zu leben.

Und doch – ein anderes Boot hatte sich offenbar dafür entschieden, sie ertrinken zu lassen. War vorbeigefahren, hatte sie abgeschüttelt, sie aus dem Blickfeld verdrängt. Die Worte des Eritreers hatten ihm den Atem verschlagen, und er sah seinen eigenen Schock in Francescos Gesicht widergespiegelt, in Elenas, in Gabrieles. Kannte er sie etwa, diese Leute, die nicht angehalten hatten? Speiste er womöglich in ihren Restaurants, schüttelte er ihnen die Hand, half er ihnen dabei, die zu ihrer Gesichtsform passende Brille auszuwählen? Er erinnerte sich an ein Abendessen mit seinem Vater in Neapel, als er ein junger Mann gewesen war, an der Schwelle zum Erwachsenwerden. Sie waren nur zu zweit gewesen, und sein Vater hatte von Mann zu Mann mit ihm geredet: Der Krieg habe seine Illusionen über die menschliche Natur zerstört. Jeder von uns, hatte sein Vater gewarnt, trägt eine verborgene Neigung zu Grausamkeit und Gleichgültigkeit im Herzen; wir alle sind zu schrecklichen Dingen fähig. Doch ihm, dem Angehörigen einer behüteten Nachkriegsgeneration, waren die Worte seines Vaters belanglos vorgekommen. Natürlich hatte der junge Optiker die Bilder von ausgemergelten Körpern gesehen, die in grässlichen Konzentrationslagern dahinsiechten, doch mit den Menschen, die er kannte und mit denen er verkehrte, schienen sie nichts zu tun zu haben. Er erinnerte sich daran, wie er seinem Vater zuversichtlich erklärt hatte, derartige Schrecknisse gehörten endgültig der Vergangenheit an, man habe die Lektion gelernt, und er erinnerte sich an das zärtliche und traurige Lächeln seines Vaters. Wieder sah er die dünnen, nackten Körper an Deck der *Galata* vor sich, die schockierten, starren Blicke.

Behutsam löse Teresa seine Finger vom Draht.

Vor dem Haupteingang wich er zurück, denn er sah, dass zwei Kamerateams eingetroffen waren, die die Migranten durch den Maschendraht zu filmen versuchten. Am Tor stritt sich eine kleine Gruppe Journalisten heftig mit ein paar Wächtern. Giulia sprach eine Frau von der Lokalzeitung an, die sie kannte, und bat nachdrücklich um Einzelheiten darüber, was aus dem Fischerboot und der Küstenwache geworden sei. Sie eilte zurück zu den anderen.

»Sie haben weitere hundert gerettet!«, rief sie. »Sie kommen alle aus Eritrea und Somalia. Und sie haben die Kinder aufgefunden!«

Ein Journalist, der ein elegantes schwarzes Jackett trug, wandte sich vom Zaun ab, als er ihr Gespräch hörte. Er sah großspurig aus, dachte der Optiker, ein Besserwisser.

»Sie haben die Kinder *tot* aufgefunden«, verbesserte der Journalist Giulia. »Die meisten Frauen und Kinder waren unter Deck, sodass sie alle ertrunken sind. Sie stammten hauptsächlich aus Eritrea, einige von ihnen aus Somalia, glaube ich.« Er blätterte in seinem Schreibblock, prüfte ein paar hingekritzelte Notizen und sagte kühl: »Und es sieht ganz danach aus, als wäre ihr Boot bereits gegen zwei Uhr früh gesunken; die Hälfte derer, die entkommen wären, hätte im Wasser also ohnehin dran glauben müssen.« Der Journalist zog die Augenbrauen hoch. »Die Migranten haben der Polizei erzählt, dass ein Boot an ihnen vorbeigefahren ist, ohne anzuhalten. Da wird's mit Sicherheit eine Untersuchung geben.« Er blätterte zur nächsten Seite. »Die Polizei bestätigt, dass das erste Boot, das die Rettung in Angriff nahm, sie offenbar erst nach sechs Uhr entdeckte.«

Der Optiker fasste ihn am Ärmel und bat ihn, den genauen Zeitpunkt des Bootsunglücks klarzustellen. Ein hässliches Bild stieg vor ihm auf. Er sah sich an diesem Morgen in seiner Koje an Bord der *Galata*, wie er bei dem Gedanken, auf Urlaub zu sein, selbstgefällig grinste, unentschlossen, ob er sich die Mühe machen sollte, Kaffee aufzusetzen, während er auf dem Rücken lag und dem Geschrei der Möwen lauschte. Dem Geschrei der Menschen. Dem verzweifelten Geschrei der Ertrinkenden, die um Hilfe flehten. Menschen, die sich bereits seit vier Stunden im Wasser aufhielten.

»Sind Sie von hier?«, fragte der Journalist hoffnungsvoll. »Anscheinend war's 'ne Gruppe Inselbewohner, die als Erste vor Ort waren, und ich hab gehört, dass sie etwa vierzig Migranten vor dem Ertrinken gerettet haben.«

Nun war es an Giulia, ihm zu widersprechen.

»Es waren siebenundvierzig«, sagte sie bestimmt. »Das weiß ich, weil wir auf diesem Boot waren.«

Sofort scharten sich alle um sie. Kameras schnappten nach ihren Gesichtern; Reporter stritten miteinander, als sie sich den Weg in die erste Reihe der Menschenansammlung bahnten. Francesco und Matteo blickten fassungslos drein, als der Mann mit dem schwarzen Jackett behände winzige Mikrofone an ihren Hemdkragen befestigte und die Kabel in ihre Hosentaschen steckte. Die Fragen kamen wie aus der Pistole geschossen:

»Woher wussten Sie von dem Bootsunglück?«

»Wie fühlten Sie sich, als Ihnen klar wurde, was geschah?«

»Wie ist es Ihnen gelungen, all diese Menschen zu retten?«

»Was ist Ihre Meinung zum Einwanderungsproblem in Italien?«

Verstohlen schlich sich der Optiker aus der Menschenmenge und zog Teresa mit sich fort. Sie waren beide zu schüchtern für diesen Medienrummel, und er würde nicht zulassen, dass diese Leute seine feinfühlige Frau einem Verhör unterzogen. Er konnte die Emotionen in der Stimme seiner Freunde hören, als sie versuchten, vor den diversen Mikrofonen die Einzelheiten dieses furchtbaren Tages wiederzugeben. Maria zauderte ein wenig, immer wieder unterbrach sie ihre abgehackte Schilderung, indem sie tief Luft holte und sich mehrmals mit der Hand über die Augen wischte. Die Fragen wollten kein Ende nehmen.

Der Optiker drehte sich um und blickte zurück auf das Erstaufnahmezentrum. Der braun gefleckte Hund, dessen

Hunger inzwischen gestillt war, hatte einem der Migranten eine Socke gestohlen, warf sie in die Luft und jagte sie wie ein überdimensionaler Welpe, dann wälzte er sich zufrieden auf dem Rücken im Staub. Irgendwo da drinnen, in einem dieser weißen Gebäude, waren die siebenundvierzig Menschen, die sie aus dem Wasser gezogen hatten. Und der verdammte Köter durfte sie ohne Weiteres stören und belästigen, während ihm gesagt wurde, er habe kein Recht, sich auch nur nach ihrem Befinden zu erkundigen!

Auf der anderen Seite des Wegs schien ein liebenswürdig aussehender Mann etwa in seinem Alter mit einem jungen afrikanischen Asylsuchenden in einem Manchester-United-Trikot ins Gespräch vertieft. Der Afrikaner ließ den Kopf hängen, als der ältere Mann ihn behutsam in Richtung zum Tor hin bugsierte und den Knopf der Gegensprechanlage drückte. Als der Wächter aufstand, um das Tor zu öffnen, legte der Mann eine väterliche Hand auf den Arm des jungen Mannes und reichte ihm etwas, das aussah wie ein kleines Holzkruzifix an einer Kette. Genau so eins hatte der junge Eritreer, den sie soeben auf dem Kamm getroffen hatten, ihnen gezeigt, stellte der Optiker fest. Das Tor des Erstaufnahmezentrums öffnete sich, und er sah, wie der Mann den jungen Asylsuchenden an sich drückte. Der Wächter wartete geduldig, er zeigte keinerlei Anzeichen von Verärgerung, und der Afrikaner verschwand in Richtung der weißen Gebäude. Bevor er das Tor wieder schloss, unterhielt sich der Wächter freundschaftlich mit dem Mann, der dem jungen Migranten das kleine Kruzifix geschenkt hatte, und schüttelte ihm herzlich die Hand. Der Optiker konnte nicht das ganze Gespräch hören, doch er schnappte genug von dem lokalen

Dialekt auf, um zu wissen, dass sie beide von der Insel stammten. Es war offensichtlich, dass der Mann hier Stammgast war.

Der Optiker fragte sich, weshalb er das Erstaufnahmezentrum bis dahin noch nie besucht hatte.

Er hörte, wie noch mehr Autos in der Auffahrt anhielten, und die Journalisten, die noch immer ihre Aufnahmen machten, zuckten zusammen, als piepende Zentralverriegelungen und zuschlagende Autotüren ihre Interviews unsanft unterbrachen. Inzwischen mussten sie da unten schon in zweiter Reihe parken, dachte der Optiker. Es waren so viele da, dass sie einander blockierten, so dicht an dicht parkten sie. Wozu in aller Welt brauchte man all diese Beamten und Polizisten, fragte er sich. Was hatten die zu tun? Nun, was immer es war, es war eindeutig zu wenig, schlussfolgerte der Optiker und blickte durch den Maschendrahtzaun des Erstaufnahmezentrums auf die Migranten, die noch immer unter ihren Decken kauerten.

Eine brüske Rothaarige von einer überregionalen Tageszeitung tippte ihm auf den Arm. Sie führte ihn noch ein Stück weiter weg von dem Medienrummel und schlug ihm ein kurzes Gespräch vor. Sie sei eigentlich nur auf der Suche nach einem persönlich gefärbten Bericht, erklärte sie und warf ihre roten Locken zurück. Wie hatte es sich angefühlt, auf dem Boot zu sein, wie hatte es sich angefühlt, alle zu retten?

Der Optiker sah sie ausdruckslos an.

»Aber wir haben nicht alle gerettet«, antwortete er kategorisch. Die Rothaarige stimmte ihm zu. Natürlich hätten sie nicht alle gerettet, aber vielleicht könne er trotzdem beschreiben, wie ihm zumute gewesen sei. Es müsse doch ein berauschendes Gefühl gewesen sein, Menschenleben zu retten. Vielleicht könne er beschreiben, wie ihm zumute gewesen sei, als ihm klar wurde, dass einige Leute sterben würden, bevor er zu ihnen gelangte.

»Also, ich denke mal, Sie mussten dort draußen Gott spielen, stimmt's?«, drängte sie ungeduldig.

All die ausgestreckten Hände. All die Stimmen, die darum bettelten, gehört zu werden. Und er hatte nur die Gebete von siebenundvierzig von ihnen erhört. Er musterte ihr Gesicht. Er könnte versuchen, ihre Fragen zu beantworten, er könnte versuchen, seine Gefühle zu beschreiben, aber sie würde seine Antworten niemals richtig verstehen. Niemand würde sie je verstehen, dachte er, bis auf die sieben anderen, die mit ihm an Bord der *Galata* gewesen waren. Und die versuchten selbst noch zu verstehen, was geschehen war. Höflich lehnte er das Interview ab.

Die Lokalzeitung forderte lautstark Gruppenfotos und ein Einzelporträt von jedem von ihnen. Dem Optiker widerstrebte es, abgelichtet zu werden, so, wie es ihm widerstrebt hatte, Fragen zu beantworten, doch schließlich stimmte er dem Foto zu. Er blinzelte in die grellen Blitzlichter der Fotografen, sein Blick huschte immer wieder zum Tor des Erstaufnahmezentrums. Morgen, dachte er, würde er im Internet nach Eritrea suchen.

Als Teresa und er am nächsten Tag auf einen Kaffee in ihr Stammcafé kamen, applaudierte man ihnen. Der Kellner warf ihm die Zeitung hin. Auf der Titelseite waren unter der riesigen Schlagzeile »Lampedusas Helden« Fotos von allen acht abgebildet, und ein langer Artikel lobte ihre vorbildliche Zivilcourage.

Er betrachtete die Fotos und sah acht Gesichter, eingefallen vor Erschöpfung und Leid. Francesco, der Älteste von ihnen, starrte mit einem Ausdruck großer Verantwortung in die Kamera, wie ein Vater, der kurz davor ist, einem Kind eine niederschmetternde Neuigkeit zu eröffnen. Marias Gesicht war vor Kummer so verschwollen, dass man die Hand ausstrecken wollte, um es mit den Fingerspitzen tröstlich zu berühren. Matteos Augen schimmerten glasig, fast feindselig vor Schmerz.

In ihrem Foto lächelte Teresa zaghaft und blickte leicht verwundert in die Kamera. Sie schien eine Frage stellen zu wollen; sie schien all ihren Mut zusammennehmen und jemanden um eine Erklärung dafür bitten zu wollen, was sich soeben zugetragen hatte. Er hatte das Gefühl, dass seine Glatze sein Foto nackter wirken ließ als die der anderen. Sein rechter Mundwinkel war nach unten gezogen, und obwohl er durch seine sorgfältig ausgewählte schwarz geränderte Brille direkt in die Kamera blickte, sah er völlig perplex aus.

Wütend faltete er die Zeitung zusammen. Ich bin kein verdammter Held, dachte er. Ich habe versagt. Wir alle haben versagt. Wir, Italien, Europa; wir alle.

# 8.

Eigentlich war es zu windig; die Palmen krümmten sich vor Schmerz, und von einem Café purzelte ein weißer Plastikstuhl, den jemand anzubinden vergessen hatte, auf dem Rücken die Straße entlang, aber dennoch – der Optiker musste einfach joggen gehen. Er musste den Kopf freibekommen.

Nachdem er am Morgen seinen Kaffee getrunken hatte und ins Geschäft zurückgekehrt war, hatte er vor dem Computer gesessen und so getan, als erledige er Papierkram, doch stattdessen hatte er jeden Artikel über Italiens ehemalige Kolonie Eritrea gelesen, den er finden konnte. Er erfuhr, dass das ganze Land wie eine Militärgarnison organisiert war; alle Sechzehnjährigen mussten zur Armee, und offenbar hielt man die armen Kinder ihr ganzes Leben darin gefangen. Mädchen wie Jungen! Er war sich nicht ganz sicher, weshalb er so heimlich tat, doch jedes Mal, wenn er Teresa kommen hörte, klickte er zurück zu seinen nichtssagenden Tabellen.

Im Geschäft las er auch über die Schlepper. Er las die kläglichen Berichte von Migranten, die durch die Sahara geflohen waren, und er erfuhr, was die Schlepper den verzweifelten Menschen antaten, die es wagten, von Europa zu träumen. Sie stahlen ihr Geld und ihre Handys, sie schlugen die Männer, und sie vergewaltigten die Frauen. Als er sich die Schnürsenkel zuband, musste er an die stolz aussehende Frau denken, die sie gestern gerettet hatten, die Frau in dem türkisfarbenen T-Shirt, die nicht geweint hatte. Gab es jemanden, dem sie ihre Geschichte anvertrauen, jemanden, der sie trösten konnte? Wie konnte es sein, dass diese Menschen so allein waren?

Er hob die Fotografie hoch, die auf seinem Schreibtisch stand, und lächelte betrübt. Es war ein Bild von seinen Söhnen, wie sie als Jugendliche quietschvergnügt und völlig sorgenfrei mit ihrer Mutter auf einem kitschigen Karussell saßen und vor Freude strahlten, weil sie etwas so wunderbar Kindisches unternahmen. Als der Optiker die Ladentür hinter sich schloss, zuckte er vor dem beißenden Wind zurück. Er musste an die Gesichter auf dem Deck der *Galata* denken. Einige der Burschen, die er aus dem Wasser gezogen hatte, waren so jung gewesen, eigentlich noch Kinder.

Hüpfend bahnte er sich einen Weg durch die umherfliegenden Eisbecher und Chipspackungen, die ungehindert über die Straße fegten. Was für ein Familienleben, was für eine Zukunft erwartete diese Kinder, fragte er sich, im ganzen Land verstreut in militärischen Trainingslagern, weit weg von zu Hause und dazu gezwungen, Felder zu pflügen und Straßen zu reparieren? Sie wurden kaum entlohnt. Den Artikel über das Schicksal, das diejenigen erwartete, die bei einem Fluchtversuch gefasst wurden, hatte er gar nicht zu Ende lesen können; als er von der Brutalität gelesen hatte, die in eritreischen Gefängnissen herrschte, war ihm übel geworden.

Allerdings sah Lampedusa allmählich selbst wie ein verdammter Polizeistaat aus, schnaubte er vor sich hin, als er an der geschützen Terrasse eines kleinen Cafés vorbeilief, wo ein gutes Dutzend Carabinieri eingekehrt war und

Obstsaft trank. Wo man auch hinging auf der Insel, begegnete man Uniformen, Knüppeln und Pistolen. Das erweckte nicht unbedingt den Eindruck von Gastfreundschaft.

In der Ferne begann eine Polizeisirene zu heulen. Zwei Streifenwagen rasten über den kleinen Hügel am anderen Ende des Hafens, bogen in den kleinen Feldweg ein, der zu der Anlegestelle von Porto Favaloro führte, und kamen mit dramatisch quietschenden Bremsen zum Stehen. Der Optiker wusste, dass sie auf die Rückkehr der Taucherboote vom Schiffswrack warten würden – schon den ganzen Tag über hatte er gesehen, wie sich die kleinen orangenen Schlauchboote der Küstenwache an der Unglücksstelle tummelten. Offenbar waren die Decks der Fischerboote, als sie gestern in den Hafen zurückkehrten, mit Leichen übersät gewesen – wie konnten noch mehr dort draußen sein?

Aber er musste es sehen. Er fühlte sich verantwortlich. Er wusste, irgendein dienstbeflissener Polizist würde ihn davon abhalten, direkt zum Kai von Porto Favaloro zu gehen, also joggte er hinunter zu dem schmalen Streifen schmutzigen Sands und durch die offenen Flanken des Schiffsbau- und Schrottplatzes gegenüber dem Kai. Von dort konnte man die Anlegestelle genau beobachten. Zu genau.

Die Leichen lagen aufgereiht auf dem Betonboden des Kais, meist in Plastikplanen, die die Farbe von grünem Schlamm hatten; der Optiker ertappte sich bei dem Gedanken, dass sie dieselbe Farbe hatten wie die Unterlegplanen, die er vor vielen Jahren beim Zelten mit seinen Söhnen verwendet hatte. Manche waren in längliche schwarze

Leichensäcke verpackt, andere in weiße, die aussahen wie die Tüten, die man zum Recyceln benutzte, einige wenige hatte man in blaue OP-Abdecktücher gehüllt. Am Fußende waren die Säcke gewölbt, und hier und da in der Reihe bauschte sich ein Plastiksack in der Mitte zu einer Art Pyramide, als wären die Hände auf der Brust zum Gebet gefaltet. Einige Säcke waren entsetzlich schlabberig – Kinder.

Er schämte sich nicht dafür, dass er weinte. Es erschien ihm respektvoll, zu weinen. Im Allgemeinen hatte er für die Spielchen des Vatikans nicht viel übrig, doch an diesem Morgen hatte der Papst im Radio den Nagel auf den Kopf getroffen, als er sagte, heute sei ein »Tag der Tränen«. Eine »Schande« hatte er die Tragödie genannt. Eine Schande, für die die Welt sich schämen sollte. Der Optiker sah den Tauchern der Küstenwache dabei zu, wie sie einen weiteren schweren dunklen Sack auf den Kai hievten. Einen großen Sack, dann einen mittelgroßen Sack und zwei kleine Säcke.

Er wartete darauf, dass die Säcke sich bewegten. Er wusste, es war lächerlich, aber es schien unmöglich, dass diese Menschen nicht mehr existierten, wenn ihre körperliche Präsenz noch immer so offensichtlich war. Er wusste, wie ihre Hände sich anfühlten. Er wusste, wie ihre dünnen Schulterblätter glitzerten, wenn die Sonne ihr Licht darauf warf. Er wusste, wie sie vor Scham zitterten, wenn sie sich vor Frauen nackt zeigen mussten.

Weshalb wurden sie nicht alle in dieselbe Richtung gelegt? Der Erste in der Reihe war so platziert worden, dass sein Kopf zum Meer wies, der Zweite, den man dicht neben ihn gelegt hatte, zeigte mit dem Kopf zur Betontreppe der Anlegestelle hin und mit den Füßen zum Meer. Grün, blau, schwarz und weiß. Ein grausiges Mosaik des Todes.

Der Optiker roch Zigarettenrauch und merkte, dass er nicht länger allein war auf dem kleinen Stück Strand. In Gedanken versunken, hatte er das Geräusch, das die Stiefel des Polizeitauchers auf dem groben Sand machten, nicht gehört. Er grüßte ihn, und der Taucher, der sein Augenmerk auf die Leichen richtete, die auf dem Kai aufgereiht lagen, nickte höflich.

»Jetzt sind's schon fast zweihundert«, sagte er und zog an seiner Zigarette. »Ich bin's ja gewohnt, Grauenhaftes zu sehen ... aber das hier? Das ist ...« Sein Gesicht zitterte, als er mit den Tränen kämpfte.

»Ich habe zwei kleine Kinder aus der Kajüte gezogen, vielleicht zwei und drei Jahre alt«, erzählte er dem Optiker. »Es war herzzerreißend. Sie trugen neue Schuhe. Können Sie sich das vorstellen? Ihre Mutter hatte ihnen neue Schuhe gekauft.«

Mit Zeigefinger und Daumen drückte er seine Zigarette aus und kramte in seiner Tasche sofort nach einer neuen. Die beiden Männer saßen, das Kinn in die Hand gestützt, auf den Stümpfen des Wellenbrechers, und der Optiker bekannte, dass er gestern draußen auf dem Wasser gewesen war, dass er als Erster vor Ort gewesen war. Er deutete mit dem Daumen auf die Leichen.

»Wir waren nicht schnell genug, oder?«, fragte der Optiker bitter. Es war als rhetorische Frage gemeint, doch der Taucher antwortete trotzdem und erklärte dem Optiker, dass die Menschen unter Deck nicht die geringste Chance gehabt hätten. Er schien die nächste Frage des Optikers vorwegzunehmen. »Keine Ahnung, wie viel Zeit ihnen geblieben ist«, fügte er hinzu. »Nicht viel ... aber doch genug, um zu erkennen, was ihnen bevorstand. Wissen Sie ...« Er zögerte lange und klopfte mit dem Fuß gegen den hölzernen Wellenbrecher. »Wissen Sie, sie hielten sich nämlich an den Händen.«

Eine junge Frau in blütenweißem Hemd und schwarzer Hose sei vor der Kajütentreppe eingeklemmt gewesen und habe die Tür blockiert, erzählte der Taucher. Als sein Kollege sie am Arm gezogen habe, um ihren Körper loszumachen, habe der sich wie eine Ziehharmonika zusammengefaltet, sei dann zurückgeschnellt und habe eine Kette anderer Leichen mitgerissen, die sich alle an den Händen hielten. Als wären sie alle zu einer großen Einheit verschmolzen, sagte der Taucher. Wie eine Weihnachtsgirlande. Hinten in der Kajüte hätten sie eine hochschwangere Frau gefunden. Und Mütter, die ihre Kleinen noch immer schützend umschlungen hielten, in fester Umarmung.

Wer waren sie alle? Wussten ihre Familien überhaupt, dass sie ihre Heimat verlassen hatten, geschweige denn, dass sie umgekommen waren? Obwohl seine eigenen Söhne bereits Mitte zwanzig waren, erwartete Teresa stets, dass sie sie verständigten, wenn sie eine Reise unternahmen, und dass sie sich gleich nach ihrer Rückkehr bei ihr meldeten. Und hier waren all diese Menschen, Hunderte von ihnen, anonym in farbigen Säcken, und man kannte sie nur als die Frau im weißen Hemd oder als die Kleinkinder mit den Lacklederschuhen.

»Ich mache mich besser auf den Weg«, seufzte der Taucher und stand auf. »Das Mindeste, das wir tun können, ist, sie an Land zu bringen.« Einen Augenblick lang betrachtete er konzentriert den Zigarettenstummel zwischen seinen Fingern und hielt ihn dann in die Höhe, um ihn dem Optiker zu zeigen. Er lächelte ironisch. »Vor fünf Jahren hab ich damit aufgehört«, sagte er.

Als er wieder auf der Straße war, beschleunigte der Optiker sein Tempo. Er rannte angestrengter und schneller als sonst, zwang seinen Körper, den Wind zu durchschneiden. Als seine Turnschuhe auf den Asphalt hämmerten, spürte er, wie der Schock eines jeden Auftritts durch seine Wirbel vibrierte. Von der Küstenstraße wehten ihm kleine Wölkchen aus Staub und feinem Sand entgegen, er musste husten und spucken, und von den Sandkörnern brannten seine Augen.

Die Tragik dieser Leichensäcke! Im Leben hatte man sie ihrer Zukunft beraubt, und im Tode raubte man ihnen ihre Identität.

Er fand sich auf dem Friedhof wieder, noch bevor er eine bewusste Entscheidung getroffen hatte, ihn aufzusuchen. Er hatte über die Leichensäcke nachgedacht, als er plötzlich inmitten des dichten Labyrinths von Grabsteinen, Familiengrüften und Mausoleen stand, alle ausgebleicht von der brennenden Sonne.

Sie waren sehr gepflegt, diese Gräber; die goldenen und schwarzen Inschriften waren tief in den Stein gemeißelt; am Fuß der Gräber standen kleine Stahltöpfe Wache, vollgepackt mit getrockneten Blumen und gegen die Launen des Winds mit Ziegelsteinen beschwert. An den Marmor geklebte ovale Fotografien veranlassten die Besucher, sich daran zu erinnern, wer die Toten gewesen waren. Da gab es die zweiundachtzigjährige Rosa, die über einer Geburtstagstorte lächelte; ihr Ehemann Antonio, ein Arzt im Ruhestand, abgebildet in einem roten Pullover mit einer karamellfarbenen Katze im Arm, war ihr im Jahr darauf gefolgt. In der nächsten Grabstelle lag Andrea, der eine vielfach dekorierte Karriere beim Militär hinter sich hatte – auf dem Hochzeitsfoto mit seiner Frau Anna aus den Vierzigerjahren war seine Brust bereits mit Orden geschmückt. Ihr Sohn hatte sich zwanzig Jahre später zu ihnen gesellt. Um die Inschrift entziffern zu können, musste der Optiker eine vertrocknete Blume entfernen. Offenbar war der Sohn Meeresbiologe gewesen.

Ruhig spazierte der Optiker durch den Friedhof. Hin und wieder verharrte er, wenn er einen Namen entdeckte, der ihm bekannt vorkam, oder einen Grabstein, der ihn interessierte. Er bückte sich, um einen Blumentopf aus Edelstahl aufzurichten, den der Wind umgeworfen hatte. In der Ferne hörte er ein unmelodisches Pfeifen und die langsamen, klatschenden Schritte eines Menschen, der Flip-Flops trug.

Auf halbem Weg durch den Friedhof erblickte er rechter Hand ein kleines, ungepflegtes Stück Brachland und ging neugierig darauf zu. Die sandige Erde war trocken und rissig, und die Spalten im Boden waren von gelbem Löwenzahn, stacheligen Quecken und Stechginster überwuchert. Ein paar wackelige Holzkreuze, die in einem zerfallenden Zementblock steckten, zitterten im Wind und kämpften darum, nicht herausgelöst zu werden; viele andere hatten die Schlacht bereits verloren und lagen mit der Vorderseite nach unten in den Dornenbüschen. Er drehte eines davon mit dem Fuß um und sah, dass auf das Verbindungsstück in verwaschener schwarzer Farbe die Zahl 8 gemalt worden war.

Das klatschende Geräusch der Schritte verstummte

dicht neben ihm. Ein unrasierter älterer Mann in grauem Poloshirt mit weißen Farbspritzern war erschienen und stellte einen Spaten und einen Eimer mit Gips ab.

»Arme Kerle«, sagte er zu dem Optiker und biss sich mit dem einzigen verbliebenen Zahn auf die Unterlippe. »Ich arbeite seit dreißig Jahren auf diesem Friedhof, aber wenn ich an ihnen vorbeikomme, nicke ich ihnen immer zu.«

Der Optiker sah ihn verständnislos an.

»Die Migranten«, erklärte der Mann nüchtern. »Die unbekannten Migranten, die vor Lampedusa ertrinken. Ich hab sie alle beerdigt. Ich bin hier der Totengräber.«

Der Totengräber begann, an Gipsstückchen zu pulen, die unter seinen Fingernägeln steckten. Der Optiker blickte auf den Spaten hinab, und ihm schauderte. Vor seinem geistigen Auge erschien abermals das Bild der auf dem Kai aufgereihten schlammgrünen Leichensäcke. Hier also sollten sie enden? Verscharrt in einer von Unkraut überwucherten Parzelle, obenauf ein Stück unlackiertes Holz, das man achtlos hinstellte?

Der Totengräber erzählte ihm, auf dem Friedhof gebe es mindestens sechzig Migrantengräber, hineingezwängt, wo immer man ein Plätzchen finden könne, sagte er. Manchmal könne man sie in eine vor langer Zeit aufgegebene Familiengruft schmuggeln; bei Gräbern, die noch Besucher hätten, gehe das natürlich nicht – ein Kuckucksei im Nest würde denen gar nicht gefallen. Die armen Seelen, die gestern ertrunken seien, würden allerdings nicht hier beigesetzt werden; es seien zu viele; mehr als zweihundert, habe er gerade eben die Bürgermeisterin im Radio sagen hören – sie habe um Särge gebeten. Sie würden nach Sizilien verschifft werden, es sei denn, ihre Angehörigen würden Anspruch auf sie erheben. »Den Teufel werden sie tun«, sagte er und rieb sich die weißen Stoppeln auf seinem Kinn.

Er führte den Optiker zu einer Grabstelle um die Ecke; beim Gehen keuchte er, und seine schwieligen Fersen in den Flip-Flops waren ebenso rissig wie die ausgetrocknete Erde.

»Den habe ich vor ein paar Wochen beerdigt«, sagte er barsch und rieb mit der rauen Hand über eine große graue Betonfläche auf einem Erdhügel. »Junger Bursche. Ungefähr siebzehn Jahre alt, nimmt man an. Wahrscheinlich Eritreer. In einem Schlauchboot ertrunken.«

Der Optiker trat einen Schritt vor. Der Junge aus Eritrea teilte seine Gruft mit einem schnauzbärtigen Mann, der in einem petroleumblauen Anzug und dunkelblauer Krawatte streng aus seinem Foto blickte. Ein Pastellgemälde der Madonna sah fürsorglich auf den schnauzbärtigen Mann herab, und über seiner rechten Schulter waren zwei flatternde Putten in den Stein gemeißelt worden, die ihn verehrungsvoll betrachteten. Die achtsamen, sorgfältigen Details ließen die Ausdruckslosigkeit des groben Zements über ihm wahrhaft erbärmlich erscheinen. Es sah so aus, dachte der Optiker, als sei der Junge absichtlich ausgelöscht, aus dem Leben getilgt worden.

Der Totengräber schien seine Gedanken zu erraten.

»Ich weiß zwar nicht, wie er heißt«, brummte er grimmig. »Aber ich erinnere mich an ihn. Glauben Sie mir, ich erinnere mich an sie alle.«

Inzwischen vergnügte sich der Wind damit, Plastikgießkannen und verwelkte Blumenbuketts aufzuwirbeln, sie durch die schmalen Wege zwischen den Grabsteinen zu jagen und sie dann wieder zu Boden zu schleudern, wo sie erschöpft auf den Kieswegen umherrollten. Ein großes Stück einer zerbrochenen weißen Plastiktafel trudelte auf sie zu, und der Totengräber stoppte es mit dem Fuß. Er hob es auf und fluchte.

»Die war locker, und jetzt hat sie der Wind vom Grab weggerissen.« Er spuckte aus, drückte sie dem Optiker in die Hand und stampfte wütend davon. Der Optiker betrachtete die dünne Plastiktafel und entzifferte, so gut er konnte, die unvollständige Inschrift.

*Hier ruht der Leichnam eines unbekannten ...*
*Ertrunken vor der Küste von Lampe ...*
*Vermutlich vom Horn von A...*
*Er war etwa zwanzig Jahre alt.*

Er fand den Totengräber vor einem marmornen Mausoleum wieder, wo er die andere Hälfte der Tafel mithilfe eines geborgten Blumentopfs und eines kleinen alten Betonklotzes aufrichtete. Der Wind hatte die billige Plastiktafel hämisch entzweigebrochen.

»Warum lässt man sie einfach so verrotten?«, fragte der Optiker ungläubig. »Warum kümmert sich niemand um sie?«

Der Totengräber drehte sich rasch um und fauchte den Optiker an, die Augen vor Zorn weit aufgerissen.

»Warum lässt man sie einfach so *sterben*?«, schnauzte er. »Beantworten Sie mir mal *diese* Frage!« Er riss dem Optiker das Stück Plastik aus der Hand und wedelte damit vor ihm herum. »Warum unternimmt Europa nur das absolute Minimum, um der Sache ein Ende zu bereiten? Können Sie mir das vielleicht verraten?« Dramatisch rollte er seine Rs. »Gott weiß, es macht mich *rasend*!«

Der Optiker konnte ihm nicht antworten. Er hielt die beiden Hälften der Plastiktafel zusammen, während der Totengräber sie zwischen den Topf und ein paar Steine zwängte. Der Optiker starrte die zerbrochene Tafel an. Unbekannt und unbeachtet. Diese Menschen schienen niemandes Problem zu sein.

Der Totengräber presste seine Handfläche flach gegen den Betonklotz.

»Jedes Mal, wenn du einen beerdigst, hoffst du, dass es der Letzte ist«, sagte er. »Jedes Mal hoffst du, es wird der Letzte sein.« Er hob seinen Eimer mit Gips auf, nickte dem Optiker höflich zu und trottete seufzend davon.

Plötzlich fühlte es sich auf dem Friedhof kalt an, und der Optiker beschloss, seinen Lauf frühzeitig zu beenden und nach Hause zu gehen. Von gestern war er noch immer körperlich erschöpft, und die nervöse Energie in seinen Adern, die ihn bis jetzt angetrieben hatte, begann abzukühlen; seine Glieder fühlten sich schwer an, und ihm war leicht übel. Als er langsam zum Hafen zurückjoggte, dachte er an die Worte des Totengräbers.

Warum wurde nicht mehr unternommen, um diese Tragödien zu verhindern? Es war reiner Zufall gewesen, dass die *Galata* sich mehr oder weniger zur richtigen Zeit am richtigen Ort befunden hatte. Trotzdem wusste jeder, dass die Flüchtlingsboote sich nach wie vor auf die Reise nach Lampedusa und Sizilien begaben, warum also waren nicht ständig professionelle Such- und Rettungskommandos im Einsatz? In seinem Kopf, der sich auf dem Heimweg gewöhnlich ruhig und leer anfühlte, wimmelte es von Fragen.

Als er zurückkam, waren Maria und Francesco mit Teresa im Geschäft, und kaum dass er eingetreten war, stürzten sie auf ihn zu.

»Man hat uns morgen zu einem Gottesdienst eingeladen!«, strahlte Teresa. »Das Bürgermeisteramt hat angerufen, um uns alle einzuladen – wir werden sie wiedersehen können – sie werden alle dort sein.« Sie nahm seine Hand und drückte sie. »Wir können sie wiedersehen!«

Francesco ergänzte die Einzelheiten; auf einem Zettel hatte er sich Notizen gemacht. Es sollte ein Gedenk- und Besinnungsgottesdienst sein in einem Hangar am Flughafen, wo die Särge aufbewahrt wurden. Sämtliche Überlebenden würden hinkommen, sämtliche Mitglieder des Rettungsdienstes anwesend sein, ebenso die Bürgermeisterin und ein paar Politiker. Es würde einen kurzen Gottesdienst geben, bevor die Gebeine nach Sizilien überführt würden, und eine Schweigeminute, um die Toten zu ehren.

Maria wurde emotional. »Und stell dir vor«, sagte sie, »die Regierung in Rom hat bekannt gegeben, dass jeder der Toten ein Staatsbegräbnis erhalten soll!« Sie lächelte Teresa an. »Wir haben gerade davon gesprochen – ein Zeichen, dass sich alles ändern wird.«

Der Optiker gab ein dünnes Lächeln zurück. Er dachte an die billige Plastiktafel, die der Wind vom Grab des ertrunkenen jungen Migranten gerissen hatte, und an all die namenlosen, zertrampelten Holzkreuze, die die Ackerwinden ersticken zu wollen schienen. Staatsbegräbnisse – wahrlich eine große Geste! Die große Geste eines schlechten Gewissens! Er versuchte, sich die mit dem Rot-Weiß-Grün der italienischen Flagge drapierten Särge vorzustellen, die die Soldaten zu den Klängen einer Militärkapelle an eine sorgfältig ausgewählte Stelle auf einem schattigen Friedhof tragen würden, um sie in einem eigenen Mausoleum gemeinsam zur Ruhe zu betten. Man mochte ihn zynisch nennen, aber er konnte es sich nicht vorstellen. Er konnte es einfach nicht.

# 9.

Der Optiker hatte den Flughafen stets mit Aufregung assoziiert – ging es nicht jedem so? Für ihn und Teresa verhieß der Flughafen eine Reise, einen Ausflug nach Neapel, um die Jungs zu besuchen, er verhieß Familienmahlzeiten, er verhieß Gelächter und Spaß. Urlaub.

Von Gelächter konnte längst keine Rede mehr sein. Arm in Arm ging die Crew der *Galata* schweigend zum Flughafenhangar. Sie alle sehnten sich danach, die Menschen zu sehen, die sie gerettet hatten; gleichzeitig aber fürchteten sie sich vor dem Anblick der Särge. Teresa war besorgt, dass sie die Menschen, denen sie geholfen hatten, nicht wiedererkennen würde; wie unhöflich und respektlos würde es aussehen, hatte sie zu ihrem Mann gesagt, wenn sie ihre Gesichter von denen all der anderen Migranten nicht unterscheiden könnte! Es ärgerte ihn, dass er kein Englisch konnte oder welche Sprache auch immer sie sprachen. Er wollte ihnen auseinandersetzen, dass sie sich redlich darum bemüht hätten, sie schon früher aufzusuchen, dass sie sich um sie gesorgt hätten, dass sie mehrmals im Spital angerufen hätten, um sich nach denen zu erkundigen, die medizinische Behandlung benötigten. Doch wie übermittelte man die Botschaft »Wir haben nie aufgehört, an euch zu denken« in Zeichensprache? Es war fragwürdig, ob sie alle zusammen genug Englisch konnten, um zu erklären, dass es die komplexe Bürokratie der Einwanderungsbestimmungen war, die sie davon abgehalten hatte, sie in dem Erstaufnahmezentrum zu besuchen. Er wollte ihnen unbedingt zu verstehen geben, wie sehr sie sich bemüht hatten – dass sie ihnen nicht eine Sekunde lang aus dem Kopf gegangen waren.

Doch als es so weit war, kam gar keine Verlegenheit auf. Die Migranten warteten auf sie, hielten vor dem Eingang des Hangars nach ihnen Ausschau, und als sie näher traten, rannten sie ungeduldig auf sie zu, so, wie Grundschulkinder am Ende des Schultags ihre Eltern begrüßen, und riefen nach ihnen mit ausgestreckten Armen. Die Frauen drückten sie an die Brust und wiegten sie. Hochgewachsene Männer, einige fast zwei Meter groß, kuschelten sich, den Kopf auf Teresas Schulter gelegt oder an Marias Hals geschmiegt, wie kleine Jungen an sie und schluchzten.

Es war ihm noch nie leichtgefallen, auf Leute zuzugehen. Er war nicht der Typ, der die Menschen berührte, wenn er mit ihnen sprach, der ihnen die Hand aufs Knie oder auf die Schulter legte. Teresa sagte immer, körperlicher Kontakt mit Fremden sei ihm derart unangenehm, dass er mitunter kalt wirke. Doch als der erste junge Mann seine Hand genommen und sie aus Dankbarkeit fest gedrückt hatte, hatte ihm dies nicht gereicht; es war ihm zu lau vorgekommen. Also hatte der Optiker den Jungen heftig an sich gerissen und ihn fest in die Arme geschlossen. Er hatte den Jungen gar nicht mehr loslassen wollen. Er hatte keinen von ihnen loslassen wollen.

Es machte nichts, dass sie über keine gemeinsame Sprache verfügten. Sie schienen zu verstehen, wie besorgt die Crew der *Galata* um ihr Wohlergehen gewesen war. Manche reckten den Daumen in die Höhe, um ihnen zu versichern, dass es ihnen gut gehe, dann betteten sie den Kopf in die Hand, um anzudeuten, dass sie sehr müde seien. Einer der Halbwüchsigen nahm die Hand des Optikers und hielt sie an seine Brust, damit der Optiker seinen Herzschlag spüre. Er lächelte den Optiker an und zeigte mit dem Finger auf ihn. Der Optiker verstand die Botschaft. Du hast mir das Leben geschenkt, wollte er sagen. Dir verdanke ich mein Leben.

Der Optiker nannte ihnen seinen Namen, und schüchtern bewegten sie die fremdartigen Silben im Mund und schmeckten ihren Klang. Sie nannten ihm ihre Namen, doch es gab so viele von ihnen, dass er nur die Melodie aufschnappte und nicht die Wörter selbst. Wie sie so um ihn herumschwirrten, versuchte er, sie zu zählen. Sie schienen alle da zu sein. Sie waren alle gekommen.

Er sah, wie ehrerbietig sie sich aufreihten, um Francesco zu umarmen. Sie erkannten, dass Francesco der Älteste und damit der Chef war, und sie begriffen, dass es sein Boot gewesen war, das sie gerettet hatte. Sie nannten ihn Vater und küssten seine Hand. Unser Vater.

Sie trugen Kleidung, die zu dem feierlichen Anlass nicht passte. Offenbar hatte man sie in dem Erstaufnahmezentrum wahllos mit Sachen ausstaffiert, die gerade zur Hand gewesen war; beinahe sahen sie so zerlumpt aus wie an Bord der *Galata*. Die Hosen schlotterten ihnen um die schmalen Hüften, hochgehalten von strähnigen Stücken blauer Nylonschnur, und viele trugen T-Shirts, die sie als Anhänger italienischer Fußballmannschaften auswiesen, von denen sie vermutlich noch nie gehört hatten. Die meisten von ihnen trugen Turnschuhe, aber wer weiter hinten in der Schlange gestanden hatte, musste wohl mit übrig gebliebenen Flip-Flops vorliebnehmen, die überhaupt nicht zusammenpassten. Ein unglückseliger Mann trug ein Paar pelzbesetzter Damenhausschuhe, wobei dem rechten Schuh die Bommel fehlte. In einem anderen Leben, dachte der Optiker, wäre das vielleicht witzig gewesen. Jetzt aber sah es derart erbärmlich aus, dass er seine eigenen Schuhe ausziehen wollte, um dem Mann seine Würde zurückzugeben.

Allein in diesem Jahr waren in Italien bereits dreizehntausend Asylsuchende eingetroffen – das hatte Gabriele ihnen erzählt, als er sie mit dem Auto abholte, um sie zum Flugzeughangar zu bringen. Bis jetzt war das nicht mehr als eine zufällige, bedeutungslose Zahl gewesen. Eine leere Statistik. Doch jetzt standen sie vor ihnen, aus Fleisch und Blut, aus Knochen und Knorpel, und das Salz ihrer Tränen vermischte sich mit dem ihren. Jungen, deren Namen den Klang von Musik hatten, Männer, deren Herz vor Leben und Verheißung pochte. Namen, nicht Zahlen! Namen!

An der Tür stand eine Handvoll weiblicher Überlebender, aber das Mädchen, das sie gerettet hatten, erkannte er sofort an ihren langen Dreadlocks; sie quollen unter einem kleinen schwarzen Schal hervor, den sie sich um den Kopf gebunden hatte. Ein langes schwarzes Hemd hatte ihr türkisfarbenes T-Shirt ersetzt, doch ihr stolzer Blick war geblieben. Er wollte sie umarmen, aber es war klar, dass sie schreckliche Angst hatte vor jedem, der ihr zu nahe kam.

Als Elena sie zu umarmen versuchte, drückte sie auf Englisch und Italienisch höflich und aufrichtig ihre Dankbarkeit aus, blieb jedoch steif stehen und ließ sich, anders als die Männer, nicht in eine innige Umarmung ziehen. Welche Kraft sie haben musste, um ihre Tränen zurückzuhalten! Er, Matteo, Francesco und Gabriele konnten ihre Gefühle durchaus nicht zügeln.

Es war Maria, der die Hände des Mädchens aufgefallen waren. Sie hatte bemerkt, wie unangenehm es ihr gewesen war, allzu eng umarmt zu werden, und als sie an der Reihe war, mit ihr zu sprechen, hatte sie einfach nur ihre Hände ergriffen. Das Mädchen war vor Schmerz zusammengezuckt. Als Maria die Hände des Mädchens hochgehoben hatte, um sie zu untersuchen, hatte sie selbst laut aufgeschrien. Jede ihrer Fingerkuppen war rot und schwarz versengt; auf den tiefen Verbrennungen hatten sich knollige gelbe Blasen gebildet.

»Wer hat dir wehgetan, Liebling, wer hat dir wehgetan?«, fragte Maria, Panik in der Stimme, und berührte das Gesicht der jungen Frau.

Das Mädchen zuckte mit den Schultern und zog aus der Hosentasche ihrer Jeans ein Feuerzeug und die Überreste einer Supermarkt-Tragetüte.

»Keine Fingerabdrücke, bitte«, erklärte sie mit beschämtem Lächeln. »Bitte, keine Fingerabdrücke.«

Was sie getan hatte, schmerzte den Optiker zutiefst. In der Zeitung hatte er gelesen, dass Migranten mitunter versuchten, ihre Fingerkuppen zu verstümmeln, um die Abnahme von Fingerabdrücken zu verhindern, aber er hatte noch nie darüber nachgedacht, was das eigentlich bedeutete. Damit wollten sie eine EU-Regelung umgehen, die besagte, dass Flüchtlinge in dem ersten sicheren Land Asyl beantragen mussten, in dem sie ankamen. Nur wenige wollten in Italien bleiben, wo es keine Arbeit gab, also machten sie sich naturgemäß auf den Weg nach Norden. Wenn jedoch die Behörden eines anderen Landes sie aufgriffen und ihre Fingerabdrücke in der europäischen Datenbank auftauchten, konnten sie geradewegs wieder dorthin abgeschoben werden, von wo sie aufgebrochen waren. Er zuckte zusammen, als er die geschwollenen Blasen sah. Er fragte Teresa, ob sie zufällig eine Tube Arnika-Creme in der Tasche habe; eine Sekunde lang hatte er vergessen, dass die Jungs längst erwachsen waren und Teresa keinen Grund mehr hatte, für sie Linderungsmittel mit sich herumzutragen.

Er hielt das Mädchen behutsam an den Handgelenken, betrachtete die verbrannten Hände und schüttelte den Kopf. Plötzlich erschien das Bild der grässlichen Puppe vor seinen Augen, auf die er im Gras vor dem Erstaufnahmezentrum getreten war – ihr zertrampeltes, ramponiertes Gesicht und die lecke Batterie in ihrem Brustkorb. Die Brutalität dieses ganzen verdammten Systems! Hatten diese Menschen nicht schon genug gelitten, hatte man ihnen nicht schon genug Schaden zugefügt, als dass sie zu solchen Mitteln greifen mussten? Er war zu aufgebracht, um der jungen Frau etwas zu sagen. Er hätte sie gerne gefragt, wohin sie wolle und ob Familienangehörige auf sie warteten, aber er fürchtete, die Stimme würde ihm versagen. Er blickte ihr lange in die Augen, in der Hoffnung, sie würde verstehen, dass er ihr alles Gute wünschte, dass er ihr sagen wollte, er werde sie niemals vergessen. Sie löste sich von ihm.

Im Hangar waren die gleichförmigen Särge mit militärischer Präzision im Abstand von genau einem Meter voneinander aufgestellt. Auf den Deckel eines jeden polierten Mahagonisargs hatte man eine einzelne rote Rose gelegt. Es waren über hundert. Und angeführt wurde die unerträgliche Parade von vier winzigen weißen Särgen. Diese waren alle mit einem lächelnden kleinen Teddybären geschmückt, der ein weiß-blau gestreiftes T-Shirt mit einem roten Herzen auf der Brust trug. In zweien dieser Särge lagen die Kleinkinder, die nagelneue Lacklederschuhe getragen hatten. Nummer 92 und Nummer 14. Der Optiker zog an einem losen Faden am Ärmelaufschlag seines Jacketts und wickelte ihn straff um seinen Finger, um gegen den Vulkan von Emotionen anzukämpfen, der jetzt in ihm brodelte. Er glaubte nicht, dass er den Mut haben würde, bis zum Gottesdienst zu bleiben.

Matteo starrte auf die hintere Wand des Hangars und zupfte nervös an seinem Bart. Dem Optiker fiel auf, dass er es vermied, die Särge anzusehen. Kurz bevor der Gottesdienst begann, beugte sich Matteo zu ihm und flüsterte: »Wusstest du, dass letzte Woche, bevor wir diese Menschen gerettet haben, dreizehn Menschen vor der Küste Siziliens ertrunken sind? Ich hatte die Nachricht kaum beachtet. Ich hatte kaum einen Gedanken daran verschwendet.«

Er war also nicht allein mit seinen Schuldgefühlen.

Man hatte sie gebeten, während des Gedenkgottesdienstes bei den Mitgliedern der Rettungsteams zu stehen, bei der Küstenwache und bei den Fischern, die sich den Bergungsbemühungen angeschlossen hatten. Als er jetzt sah, wie die Migranten den Särgen gegenübertraten, war er froh darüber. Manche krümmten sich vor Schmerz und kauerten, den Kopf zwischen den Knien, auf dem Boden, während drei der weiblichen Überlebenden die schreckliche Totenklage sangen, die sie schon vom Boot aus gehört hatten. Das war *ihre* Zeremonie; eine Zeremonie für die Gestorbenen und für die Überlebenden, und es wäre ihnen aufdringlich vorgekommen, inmitten so tiefer privater Trauer zu stehen. Er hörte, wie Teresa nach Luft schnappte, als sie versuchte, ihren eigenen Kummer im Zaum zu halten, und als er ihre Hand nahm, wagte er es nicht, sie anzusehen. Er war dankbar, dass man den Fernsehkameras nicht erlaubt hatte, diesen intimen Moment zu filmen.

Er versuchte, sich auf den Gottesdienst zu konzentrieren, und sog den Moschusduft des Weihrauchs und die Rauchwölkchen der Kerzen ein. Ein Imam und ein katholischer Priester sangen abwechselnd Verse und Gebete; ihre Stimmen klangen dünn und schrill, als sie von den gewaltigen Wänden des großen Flugzeughangars widerhallten. Und obwohl er an all den religiösen Zinnober nicht glaubte, spürte er doch, dass die Schönheit der eindringlichen Klänge und die Feierlichkeit der Zeremonie etwas in ihm aufrührten. Es fühlte sich heilig und rein und einzigartig an. Er würde bleiben. Er würde sich dazu zwingen zu bleiben. Das schuldete er den Migranten.

Es mussten wohl an die zwei-, dreihundert Leute im Kreis um die Särge stehen, doch wie winzig und unbedeutend sie sich dieser großen Halle ausnahmen! Er vermutete, dass die Männer in Anzügen Politiker aus Rom und Sizilien sein mussten. Wie Soldaten standen sie mit übertrieben geradem Rücken da, murmelten Antworten auf die Gebete und bekreuzigten sich gelegentlich. Ihre eigene Bürgermeisterin hatte das Gesicht in einem Taschentuch vergraben, und der Optiker sah, dass sie am ganzen Leib zitterte.

Es klang wie Poesie, als der Priester die lange Liste der Toten verlas. Exotische Namen, die wie Wellen über seinen

Kopf schwappten, sodass er nicht sagen konnte, wo ein Name endete und ein neuer begann. Efrem, Asmeret, Gaim, Biniam, Niyat, Senait. Irgendwo auf der Welt würden Mütter die gerahmten Fotos dieser verlorenen Söhne und Töchter abwischen und ungeduldig auf einen Anruf warten, um sich zu vergewissern, dass sie wohlbehalten angekommen waren.

Er beobachtete, wie die Frau, die er gerettet hatte, auf ihre schmerzenden Finger blies. Wie war ihr Name? Lag ihr Bruder in einem der Särge? Er stellte sich vor, wie die beiden Pläne schmiedeten, wie sie den Mut aufbrachten, dieses Abenteuer gemeinsam zu bestehen, und wie sie sich mit dem Gedanken trösteten, dass sie, was immer auf der Reise geschah, ihre Träume in diesem neuen und gelobten Land wenigstens zu zweit verfolgen würden.

Er zwang sich dazu, die verzweifelten Überlebenden anzusehen. Bestimmt hatten sie sich ihr neues Leben an dem Ort, den sie für das Paradies hielten, nur positiv ausgemalt. In Europa wäre alles neu und aufregend. Bestimmt hatten sie Gelächter und Arbeit erwartet, ein sicheres Zuhause und Freiheit. Jetzt sah er dabei zu, wie dieses Märchen zerbröckelte und sich von ihnen ablöste wie die bunte Farbe von den rissigen Rümpfen der Wracks, die er am Hafen hatte verrotten sehen. Er kniff die Augen zusammen, um die Tränen zurückzuhalten. Er fühlte sich nutzlos. Ja, er hatte sie gerettet, aber für welche Art von Zukunft? All ihre herrlichen Fantasien waren geronnen und verdorben, und sie wussten nicht, wie sie sich einen neuen Traum ausdenken sollten, an den sie glauben konnten. Niemand hatte ihnen gesagt, dass auch in Europa, im Paradies, Menschen litten und elend waren.

Ihm fiel auf, dass einer der jungen Männer, die er gerettet hatte, ihn beobachtete. Hastig wischte er sich mit dem Ärmel seines Jacketts über die Augen. Der Halbwüchsige sah ihn immer noch an, mit leicht geöffnetem Mund. Es war derselbe verzweifelte, hoffnungsvolle Blick, den sie alle ihnen zugeworfen hatten, als sie im Wasser waren. Rette mich. Hilf mir. Bitte.

Der Optiker faltete die Hände. Betete er? War das Beten? Er warf einen Blick auf Francesco, der den Kopf hängen ließ. Er war sich nicht sicher, ob Francesco gläubig war. Über derlei Dinge hatten sie noch nie gesprochen. Gabriele biss sich in die Knöchel. Er sah fiebrig aus. Giulia flüsterte etwas, ihre Finger zogen fest an ihren baumelnden Schildkrötenohrringen. Er nahm Teresa die Kerze aus der Hand – sie schluchzte so heftig, dass das heiße Wachs auf ihre Hand tropfte und sie verbrannte. Immer wieder stellte sie ihm dieselbe Frage: War die Polizei sicher, wer die Mütter der Kinder waren, sodass sie gemeinsam beerdigt werden konnten? Es quälte sie, die kleinen Särge so abseits stehen zu sehen – die Mütter würden von ihren Kindern nicht getrennt werden wollen, beharrte sie, man hätte die Särge nebeneinander aufstellen sollen.

Er hatte Teresa nicht erzählt, was der Polizeitaucher über die ertrunkene Frau gesagt hatte, die ihre Kleinen noch immer fest an sich gedrückt hielt, über die neuen Schuhe der Kinder. Er tat sein Bestes, sie zu beschwichtigen, aber was wusste er schon? Meist handelte es sich nur um Vermutungen. Die Namenlosen würden neben Fremden bestattet werden in einem Land, von dem sie geträumt hatten, das kennenzulernen sie jedoch nie die Gelegenheit hatten.

Die Taucher waren wieder den ganzen Tag unter Wasser gewesen, um Leichen zu bergen, das Durcheinander verhedderter Gliedmaßen auf dem dunklen Meeresboden zu entwirren und die Leichen mit Tauen zusammenzubinden, bevor sie sie ans Licht zogen. Er war zum Hafen gegangen, um beim Fischhändler Garnelen zu kaufen, doch danach war er nicht links, sondern rechts abgebogen; unwillkürlich hatte es ihn wieder zu dem schmalen Streifen groben Sands gegenüber der Anlegestelle der Küstenwache gezogen. Es war keine Sensationsgier; nach wie vor klammerte er sich an die absurde Hoffnung, dass man weitere Überlebende gefunden hatte, sodass er nach Hause gehen könnte, um Teresa wenigstens eine gute Nachricht zu überbringen. Er wollte Teresa unbedingt gute Nachrichten überbringen. Doch als er den Schiffsbauplatz überquerte und zu dem Flecken rauen Strands ging, erblickte er die zusammengekauerte Gestalt des Polizeitauchers, der auf dem Wellenbrecher saß, die Arme schützend über dem Kopf verschränkt, als wolle er Schläge abwehren. Sein Rücken zuckte sporadisch. Der Optiker zog sich respektvoll zurück.

Der Gottesdienst ging jetzt zu Ende. Gott sei Dank, er musste dringend an die frische Luft.

Vielleicht morgen, vielleicht schon in diesem Augenblick mochte an der Küste Libyens ein weiteres klappriges, seeuntüchtiges Schiff mit verängstigten Migranten beladen werden und seine ungewisse Reise nach Lampedusa antreten. Er schluckte. Wie viele von ihnen würden sie überstehen?

Als sie der Reihe nach den Hangar verließen, verspürte er plötzlich den verzweifelten Drang, all dem Tod, all den

Särgen zu entkommen, dieser herzzerreißenden, um sich greifenden Traurigkeit, gegen die er nichts ausrichten konnte. Er wollte nach Hause rennen, um die Aufnahme der vergangenen paar Tage zurückzuspulen, die Pausentaste in dem Moment zu drücken, da sie alle an Bord der *Galata* gegangen waren, jenen Teil zu löschen und stattdessen eine andere Szene einzufügen. Einen Aperitif in dieser schrecklich lauten Bar, die Matteo so mochte, ein einfaches Picknick vor der Spiaggia dei Conigli, ein Pistazieneis in der Eisdiele von Francescos Tochter! Alles, alles – nur das nicht!

Teresa zog ihn am Arm. Er wusste, dass sie gerne geblieben wäre, um sich von den vier kleinen weißen Särgen zu verabschieden. Er ging mit ihr zurück. Die Teddys lächelten sie fröhlich an, ahnungslos.

Man ließ ihnen nur wenig Zeit, um den Flüchtlingen nach dem Gottesdienst Lebewohl zu sagen. Die Polizei wollte sie schnell wieder in das Erstaufnahmezentrum zurückbringen, doch viele Migranten weigerten sich, ihre Toten zurückzulassen; zwei der Frauen musste man mit Gewalt von den Sargdeckeln entfernen; als sie zum Mannschaftswagen eskortiert wurden, hörte man noch immer ihre Klagerufe.

Der Abschied war unbeschreiblich. Seine aufgewühlten Emotionen machten dem Optiker Angst; er hatte das Gefühl, sich nicht mehr unter Kontrolle zu haben. Als sie sich ein letztes Mal umarmten, vernahm er seltsame animalische Laute, und selbst später noch, als er wieder zu Hause war und Abstand gewonnen hatte, war er sich nicht sicher, ob die Schreie von Francesco stammten, von einem der anderen oder von ihm selbst. Er wollte sie einfach nur retten. Er wollte sie retten vor dem, was ihnen als Nächstes bevorstand.

Eindringlich redeten die Überlebenden in ihrer eigenen Sprache und mit englischen Wortfetzen auf sie ein, umschlangen, umklammerten sie. Außer dem Wort »danke« konnte er nichts verstehen. Aber er spürte, was sie sagen wollten.

Als der Mannschaftswagen rückwärts vom Parkplatz fuhr, leuchteten seine Scheinwerfer ihnen direkt ins Gesicht. Für den Bruchteil einer Sekunde erblickte er die zerknautschten Gesichter Gabrieles und Francescos und die feuchten Rinnsale auf Matteos Wangen. Es war das erste Mal, dass er seine Freunde hatte weinen sehen.

An diesem Abend saßen er und Teresa noch lange wach. Nach einer solchen Erfahrung ist es unmöglich, zu schlafen. Die letzten drei Tage waren die emotional intensivsten seines ganzen Lebens, ihrer aller Leben gewesen. Seine Frau sah von dem Schock ganz mitgenommen aus, er selbst vermutlich auch; am Morgen hatte einer seiner Kunden ihn gefragt, ob er krank sei. Er hatte nicht eben ein behütetes Leben geführt; er hatte seine eigenen Verluste erlitten, seine eigenen schmerzhaften Momente erlebt, aber dass derart tiefes Leid möglich war, hatte er nicht geahnt. Er konnte sich nicht vorstellen, jemals wieder so heftige Trauer zu verspüren.

Teresa wollte sich die Nachrichten ansehen, aber er schaltete den Fernseher nur widerwillig ein, denn er wollte sie nicht schon wieder dem entsetzlichen Anblick der Särge aussetzen. Da schreckte er in seinem Stuhl auf. Am Kai wurde der Polizeitaucher interviewt, mit dem er sich am Vortag unterhalten hatte. Seine Taucherkollegen hatten ihre Arme schützend um seine Schulter geschlungen.

Heute Abend, stammelte der Taucher, habe er eingezwängt im Bug des Boots eine sehr junge Frau gefunden, die ein Lumpenbündel umklammert habe. Er sei zu ihr hingeschwommen, und als er an dem Bündel gezupft habe, sei der Stoff abgefallen und habe ein winziges Neugeborenes zum Vorschein gebracht, einen Jungen. Seine Tauchermaske sei vor Tränen ganz beschlagen gewesen, fuhr der Polizist fort, beinahe wäre er erstickt. Denn er habe gesehen, dass das Neugeborene über die Nabelschnur noch mit seiner Mutter verbunden war.

Wie naiv er doch gewesen war, dachte der Optiker. Wie naiv! Denn es gab immer noch größeres Leid, tiefer und unermesslicher, als irgendeiner von uns es sich jemals vorstellen könnte.

## 10.

Teresas Albträume bereiteten dem Optiker Sorgen. Mehr als zwei Wochen waren vergangen, seit sie die Menschen auf See gerettet hatten, doch in dieser Zeit schienen die Albträume zuzunehmen, statt nachzulassen. Sie alle hatten Albträume gehabt; hatten sich recht freimütig über die Auswirkungen des Traumas auf ihren Gemütszustand unterhalten. Gabriele gestand, dass er unter Schlaflosigkeit litt; seine Haut hatte jetzt dauerhaft die Farbe von Pauspapier, und seine jeansblaunen Augen waren ausgebleicht und verblasst. Elena, Matteo und Francesco kämpften mit ihrer Wut; Elena hatte sich am Telefon mit ihrem Boss gestritten, Matteo hatte seine Freundin angeschrien und mit ihr Schluss gemacht. Giulia und Maria waren niedergeschlagen und deprimiert. Maria schien sich in sich selbst zurückzuziehen, vergrub sich in den Falten ihres geflochtenen Schals, und Giulias widerspenstiges Haar sah nur noch wild und ungepflegt aus. Doch Teresas Kummer war wahrhaft schrecklich. Sie wachte röchelnd auf, konnte nicht atmen, schluchzte und klammerte sich an imaginäre Gestalten.

Letzte Woche hatten sie mitten in der Nacht zum Krankenhaus fahren müssen. Panikattacken, hatte der Arzt gesagt. Ihn hatten sie auf jeden Fall in Panik versetzt. Wahrscheinlich musste sie sich mit jemandem aussprechen, ihm aber fiel es furchtbar schwer, die schrecklichen Stunden auf dem Wasser erneut zu durchleben. Einmal war sie so verwirrt gewesen, dass sie im Morgenmantel in den Laden kam. Als er sie eilends zur Treppe zurückbrachte, hatte sie ihn neugierig gemustert, als ob er jemand war, den sie zwar kannte, aber nicht recht einzuordnen wusste. Er hatte ihr klarzumachen versucht, wie ungehörig es sei, in ihrem Nachtzeug nach unten zu kommen, hatte ihr auseinandergesetzt, wie peinlich es für sie beide gewesen wäre, wenn ein Kunde sie in diesem Aufzug angetroffen hätte, sie aber hatte mit ihren smaragdgrünen Augen nur sein Gesicht fixiert, als versuche sie, eine tiefere Botschaft zu entschlüsseln.

Er erzählte ihr nichts davon, doch wenn er schlief, spielte sich das Bootsunglück in seinem Kopf ab wie ein Kinofilm in Endlosschleife. Die Bilder zeigten sich in herrlichem Technicolor, doch am entsetzlichsten war, dass sie ohne jeden Ton waren. Er sah Migranten um Hilfe flehen, und er sah Francesco mit weit geöffnetem Mund, der ihm etwas zubrüllte. Aber er konnte nicht hören, was gesagt wurde – konnte nicht einmal das Meer hören –, also stand er wie erstarrt da und wusste nicht, was er tun sollte, indes die Köpfe in den Wellen versanken.

Wenn er ehrlich war, geschah es nicht nur nachts.

Das Problem war, dass die Trauer einfach nicht nachlassen wollte. Die Särge waren nach Sizilien geschafft und fast alle Überlebenden aufs Festland überführt worden, doch die Trauer verweilte auf der Insel wie der feine Oktobernebel, der jeden Morgen vom Meer herankroch und dessen feuchte Finger eisig und unerbittlich waren.

Und eine neue Quelle des Kummers war eingetroffen und füllte das Vakuum, das die Särge hinterlassen hatten. Verwandte der Toten und Vermissten waren nach Lampedusa gekommen, um Leichen zu identifizieren und um herauszufinden, ob ihre Familienangehörigen tatsächlich auf jenem unglückseligen Boot gewesen waren. Zusammengekrümmt saßen sie in den Cafés und Bars der Insel; die glückliche Diaspora, die es bereits nach Europa geschafft und die verhängnisvollen Reisen der Toten gutwillig finanziert hatte.

Mittags hielten die Verwandten Wache vor der Carabinieri-Station in der Nähe des Optikergeschäfts, stürzten sich auf jeden Uniformierten, der dort ein und aus ging, bettelten um Informationen und drückten den Polizisten Fotos der Vermissten in die Hand. Einige der Verwandten hatte er am Tor von Porto Favaloro stehen sehen, wie sie auf dem Kai lauerten, jederzeit bereit, über die Polizeitaucher und die Such- und Rettungsmannschaften herzufallen, die dort anlegten. Sie folgten den Polizisten und den Tauchern bis in die Bars und Cafés. Einmal, als er und Teresa ihren Morgenkaffee tranken, hatte er gesehen, wie ein Polizeitaucher zögerlich ein Foto betrachtete, das man ihm, als er mit einem Kollegen beim Frühstück saß, eindringlich vor die Nase gehalten hatte. Der Taucher hatte sich mit einem Taschentuch das Fett der *arancini* vom Gesicht gewischt, das Foto zur Hand genommen und genau studiert und dabei verschwörerisch mit seinem Kollegen geflüstert. Danach hatten sie das Essen stehen lassen und die Frau mit dem Foto behutsam aus der Bar und zu ihrem Kleintransporter geführt, vermutlich, um sie zur Leichenhalle zu bringen. Meistens aber kratzten sich die Polizisten und die Taucher nur am Kinn, schüttelten entschuldigend den Kopf und gingen davon.

Die verzweifelte Diaspora saß auch in Francescos Eisdiele. Von seinem Barhocker am Tresen aus schaute ihnen der Optiker dabei zu, wie sie in ihrer eigenen Sprache oder auf Englisch, Arabisch, Italienisch, Deutsch in ihre Handys brüllten. Ihre Tische waren mit Fotos und zerfledderten Papierfetzen übersät. Entmutigt beendeten sie ihre Anrufe, strichen auf ihren Notizblöcken oder Papierservietten Telefonnummern durch, schrieben neue auf und machten sich Notizen.

Ein junger Afrikaner in schicken zerrissenen Jeans bemerkte, dass Francesco und der Optiker Anteilnahme zeigten, und trat auf sie zu, um sich vorzustellen. Er sei Philologiestudent an der Münchener Universität, erklärte er, und obwohl er Eritrea bereits als Baby mit seinen Eltern verlassen habe, halte er es doch für seine Pflicht, nach Lampedusa zu kommen, den Angehörigen bei der Suche zu helfen und für sie zu dolmetschen. Sie riefen die Schlepper an, um herauszufinden, ob eine Nichte, ein Neffe oder ein vermisster Cousin Passagier auf dem Boot gewesen sei, erklärte er, und nickte zu den Verwandten hinüber. Er übersetzte die Gespräche für sie in leisem Flüsterton.

»Wahrscheinlich hat er eine Jeansjacke getragen«, brüllte ein Mann hoffnungslos, schob seine Lesebrille auf die Stirn und rieb sich die Augen. »Und auf der linken Wange hat er eine sichelförmige Narbe.« Er hielt das Foto ans Licht. »Nein, warten Sie! Die Narbe ist auf der rechten Wange. Wissen Sie noch, ob er in Misrata an Bord gegangen ist? Er ist achtzehn, sieht aber womöglich ein bisschen älter aus.«

Manche waren gut gekleidet und zweifellos gebildet. Bei einer Afrikanerin nahezu seines Alters, die ihre Gespräche mit den Schleppern immer wieder unterbrach, um auf einem anderen Handy geschäftliche Telefonate auf Italienisch zu führen, erkannte das geübte Auge des Optikers den perfekten Schnitt eines beigen Armani-Jacketts.

»Ihre Mutter sagt, sie hat immer einen Ring in Form einer zusammengerollten Schlange getragen. Hilft das Ihrem Gedächtnis auf die Sprünge? Wir haben jetzt schon zwei Wochen lang nichts mehr von ihr gehört, und wir glauben, dass sie in Richtung Misrata unterwegs war. Bitte!«

Beinahe wünschte der Optiker, der Student würde aufhören, für sie zu dolmetschen. Zuzuhören, wie diese verzweifelten Menschen herzlose Kriminelle um einen Gefallen bitten mussten, drehte ihm den Magen um. Er nippte an seinem Espresso, und der Geschmack war bitter.

Der Kapitän des Boots war festgenommen worden. Im Erstaufnahmezentrum hatten ihn einige der Migranten, die sie gerettet hatten, wiedererkannt und bei der Polizei angezeigt. Anscheinend handelte es sich um einen Tunesier, der aus Italien schon einmal abgeschoben worden war und einem großen Schlepperring angehörte. Die Migranten hatten erzählt, sie seien geschlagen worden, als sie sich über die klaustrophobischen Zustände an Bord des Boots beschwerten. Einige Frauen, die den Geldbetrag, den man von ihnen verlangte, nicht zur Gänze aufbringen konnten, waren vergewaltigt worden – eine Abschlagszahlung. Das hatte der Optiker heute Morgen gelesen, als er Francesco über die Schulter geblickt und die Zeitung auf dem Tresen überflogen hatte. Francesco hatte es offenbar auch gelesen. Er zog die Augenbrauen hoch, sah den Optiker an und sagte nur: »Das Mädchen. Das Mädchen, das wir gerettet haben.«

Inzwischen waren mehr als dreihundertfünfzig Leichen geborgen worden, und die Teams der Polizeitaucher suchten noch immer. Diese Woche hatte sich zwischen Malta und Lampedusa ein weiteres Bootsunglück ereignet; diesmal waren es Syrer und Palästinenser gewesen. Vierunddreißig von ihnen waren ertrunken, bevor die Küstenwache sie erreichte. Der Optiker zwirbelte das Gummiband seiner Socke und ließ es zurückschnappen. Dieser Teil des Mittelmeers zwischen Lampedusa und Libyen verwandelte sich allmählich in einen Friedhof.

Gestern Morgen war er, als gerade die Nachtboote mit ihrem Fang einliefen, beim Fischhändler gewesen, und während er darauf wartete, dass seine Fische eingewickelt wurden, hatte er mit den Fischern, die gerade beim Ausladen waren, höflich geplaudert und sie gefragt, ob sie einen guten Fang gemacht hätten. Einer der Fischer hatte seine Öljacke ausgezogen und ihm gesagt, er könne den Stress nicht länger ertragen, Profit hin oder her. Er werde in Frührente gehen und nach Palermo ziehen, erklärte er, zur Familie seines Sohns. Es sei nicht nur die Angst davor, sich auf hoher See mitten in einem Bootsunglück mit Migranten wiederzufinden, sagte er, es sei die Angst davor, was er in seinen Netzen finden würde, wenn er sie einholte.

Der Mann mit der Lesebrille, der in der Nähe des Tresens saß, beendete sein Telefongespräch und sackte, die Ellbogen auf den Tisch und den Kopf in die Hände gestützt, auf seinem Stuhl zusammen. Sie brauchten den eritreischen Studenten gar nicht erst zu fragen, um zu begreifen, dass er schlechte Nachrichten erhalten hatte. Schnell wandte der Optiker den Blick ab. Hätten sie schneller gehandelt dort draußen auf dem Meer, wäre ihm das Geschrei früher aufgefallen – vielleicht hätte dieser arme Mann nicht nach Lampedusa kommen müssen, um eine so grässliche Aufgabe auszuführen. An Deck der *Galata* wäre sein Verwandter in Sicherheit gewesen, die Frauen hätten sich um ihn gekümmert und ihm Kleidung und Wasser gegeben. Er trat gegen das Bein seines Barhockers. Warum hatte die Küstenwache sie gezwungen, die Suche zu beenden? Warum hatte man sie dazu gezwungen, ihnen den Rücken zu kehren? Er war überzeugt, dass sie weitere Menschenleben hätten retten können. Er rieb die pulsierende Ader über seinem rechten Ohr. *Ein* Boot aber war an diesen verzweifelten Menschen einfach vorbeigefahren und hatte überhaupt nicht angehalten. Wie konnte die Crew dieses Boots nachts schlafen?

Die Frau im Armani-Jackett hob die Stimme und schlug frustriert auf den Tisch, während sie telefonierte.

»Klingt ganz so, als würde der Schlepper für die Informationen mehr Geld verlangen«, seufzte der Student. »Er scheint ihr zu sagen, er habe *vielleicht* Informationen, aber sie wird ihm unter die Arme greifen müssen.«

Es war alles so hässlich. Dort, aber auch hier. Das Staatsbegräbnis, das man den Toten versprochen hatte, war zu einer »feierlichen Zeremonie« in Agrigento herabgestuft worden; die Überlebenden hatte man nicht einmal eingeladen. Es gab kein spezielles Gedenkmausoleum für die Ertrunkenen; sie waren auf Friedhöfen in ganz Sizilien verstreut, und wer wusste schon, wo diejenigen, die anonym bestattet worden waren, jetzt ruhten? Man hatte sie in den Tiefen des Meers gefunden und sie ans Licht gebracht, doch an Land hatte man sie aufs Neue verloren.

Und die Überlebenden? Der Optiker rieb die Hände an seinen Schenkeln. Ihm wurde übel, wenn er an die Überlebenden und ihre Zukunft dachte. Ein paar von ihnen hatten sich Francescos E-Mail-Adresse notiert, doch bislang hatten sie sich noch nicht gemeldet. Der Optiker sah, dass Francesco sich an seinem Computer zu schaffen machte; wenn er ihn danach fragte, würde er behaupten, er müsse etwas für seine Tischlerarbeit nachsehen, doch der Optiker wusste, wonach sein Freund suchte. Armer Francesco. Jedes Mal, wenn sie sich trafen, sahen sie ihn erwartungsvoll an, und er seufzte nur und schüttelte den Kopf.

Er gab Gerüchte, denen zufolge die Überlebenden mit einer Geldstrafe von mehreren Tausend Euro belegt werden konnten, weil sie illegal nach Italien eingereist waren. Mit einer Geldstrafe! Von welchem Planeten stammten die Gesetzgeber eigentlich? Erst kürzlich war der Premierminister auf Lampedusa gewesen und hatte das Erstaufnahmezentrum besucht. Er musste doch gesehen haben, in welch erbärmlichen Zustand die Migranten sich befanden! Die Einrichtung war überfüllt, um das Drei- oder Vierfache überbelegt; einige Flüchtlinge mussten im Freien übernachten. Er dachte an den unglückseligen Mann, den sie gerettet hatten und der beim Gedenkgottesdienst die Damenhausschuhe getragen hatte. Wo glaubten die Politiker wohl, dass er seinen angeblichen Reichtum versteckt hatte, um eine solche Strafe bezahlen zu können? Diese Menschen besaßen nichts – sie waren völlig mittellos. Sie hatten nicht einmal mehr einen Traum, an den sie sich klammern konnten.

Francesco reichte ihm noch einen Espresso und gab ihm einen freundschaftlichen Knuff in die Wange. Der Optiker versuchte zu lächeln. Er war nicht dumm; er wusste, dass Europa nicht jeden einzelnen Menschen willkommen heißen konnte, der sich ein besseres Leben wünschte, doch zu diesem Schlamassel musste es eine Alternative geben. Von seiner Internetrecherche wusste er, dass die meisten Eritreer, die in Europa ankamen, automatisch Asyl erhielten; gegen bittere Armut, jahrelangen Krieg und eine Militärdiktatur konnten die EU-Länder schwerlich etwas einwenden. Warum also zwang man sie dazu, diese tückische Reise zu unternehmen? Es war wie ein teuflisches Ausleseverfahren: Meistere diesen tödlichen Hindernislauf, und zack!, hast du dir einen Platz im Paradies verdient. Matteo hänselte ihn – wenn er so rede, höre er sich an wie ein Politiker. Er solle für das Bürgermeisteramt kandidieren, hatte er gescherzt, als sie sich vergangene Woche auf ein Bier getroffen hatten. Doch der Optiker hasste Politik. In der Politik ging es lediglich um Eigennutz. Hier ging es gar nicht einmal um Politik; es ging um Humanität. Es ging darum, die verzweifelten Hände im Wasser vorauszuahnen und zu handeln, *bevor* sie eintrafen.

Die Frau in dem schicken Jackett sammelte ihre Sachen vom Tisch und stopfte sie in ihre Segeltuchtasche. Sie trat an den Tresen und beglich bei Francesco ihre Rechnung. Schonend wünschte er ihr Glück bei ihrer Suche.

»In ein paar Stunden muss ich nach Rom zurückfliegen«, sagte sie in perfektem Italienisch und schüttelte den Kopf. Sie öffnete den Reißverschluss ihrer Tasche und holte eine Fotografie hervor.

»Ich suche nach ihr«, sagte sie und reichte Francesco das Foto. Er hielt es schräg, damit auch der Optiker das Bild sehen konnte.

Es war das Porträt eines hübschen Mädchens im späten Teenageralter oder Anfang zwanzig, mit kurz geschnittenem Haar und einem breiten Lächeln auf den rot bemalten Lippen. Sie trug eine hellblaue, tief ausgeschnittene Satinbluse und viel Schminke, und in ihrem Dekolleté baumelte ein silbernes Kruzifix. Die Frau betrachtete das Bild liebevoll. »Sie ist meine Cousine zweiten Grades. Das Bild wurde vor ein paar Jahren aufgenommen, als sie noch zu Hause in Asmara war«, erklärte sie. »Es gab eine Familienfeier, weil sie eine Woche Urlaub vom Militär bekommen hatte.«

Francesco murmelte ein paar angemessen freundliche Bemerkungen. Die Frau zuckte mit den Schultern. »Ich habe sie nicht mehr gesehen, seit sie fünf war«, erklärte sie. »Ein paarmal im Jahr schicke ich ihrer Familie Geld, und ihre Mutter schickt mir im Gegenzug Fotos. Ich habe ihr die Mittel für die Flucht aus Eritrea geschickt, und ihr Onkel in Schweden hat das Geld überwiesen, das sie für die Bootsreise von Libyen brauchte. Dorthin wollte sie nämlich, verstehen Sie, nach Schweden. Wir sind uns fast sicher, dass sie auf dem gesunkenen Boot war.«

Sie zitterte. Die Polizei hatte sie gebeten, sich einige Fotos von ertrunkenen Frauen anzusehen, aber von all dem Wasser waren ihre Gesichter so aufgedunsen und geschwollen, dass sie sich nur ungern länger mit den Bildern aufhielt. Ihre Cousine hatte sie jedenfalls nicht erkannt.

Der Optiker nahm das lachende Mädchen auf dem Foto noch einmal genauer unter die Lupe. Zurechtgemacht und geschminkt, wie sie war, konnte man sich leicht vorstellen, dass sie Anstalten traf, abends in Neapel oder Palermo auszugehen, vielleicht zu einem Rendezvous mit ihrem

Freund. Sie sah nicht aus wie ein bedauernswerter Flüchtling, sie sah ganz gewöhnlich aus; der Typ des hübschen Mädchens, dem man täglich auf der Straße begegnete. Sie war bloß am falschen Ort geboren worden, das arme Ding.

Er gab der Frau das Foto zurück und fragte sie verlegen, mit gesenktem Blick, wie ihre Cousine hieß.

»Saba«, sagte die Frau. »Ihr Name ist Saba.«

Ein schöner Name, Saba, sagte der Optiker leise. Er hätte sich der Frau gerne zugewandt, ihren Arm berührt und zu ihr gesagt: Entschuldigen Sie, aber ja, ich erinnere mich an dieses Mädchen! Ich habe sie gerettet! Ich habe Ihre Cousine auf mein Boot gezogen! Stattdessen schwenkte er auf seinem Barhocker von ihr weg und zwirbelte das Gummiband seiner Socke noch fester um den Finger, während Francesco anfing, die Gläser aus dem Geschirrspüler zu räumen.

Nein. Er hatte Saba nicht gerettet. Und den Mann mit der sichelförmigen Narbe auf der rechten Wange hatte er auch nicht gerettet. Auch die dreizehn Männer, die vor zwei Wochen an der Küste Siziliens an Land geschwemmt worden waren, hatte er nicht gerettet, und er hatte sich kein einziges Mal gefragt, ob einer von ihnen ein besonderes Kennzeichen gehabt oder ob ein anderer einen Ring in Form einer schlafenden Schlange getragen hatte. Er hatte es zugelassen, dass ihr Tod über ihn hinwegspülte, sich dann aufs Meer zurückzog und dort spurlos versank.

Die Frau steckte das Foto wieder in ihre Tasche, zog den Reißverschluss zu und ging zur Tür.

»Es tut mir leid!«, stieß der Optiker plötzlich hervor und wandte sich zu ihr. »Es tut mir so leid, dass …«

Die Frau blieb stehen und sah ihn einen langen Moment verwirrt an. Dann entspannte sich ihr Gesicht, sie hievte ihre Tasche auf die Schulter, nickte dem Optiker kurz zu und verließ die Bar.

In jener Nacht träumte er, er sei allein in einem Ruderboot, und das Wasser unter ihm tobte und toste, als sich neben dem Boot ein riesiges Meerungeheuer aufbäumte. Er klammerte sich an die hölzernen Seitenwände, die aber fühlten sich so dünn an wie der Stiel eines Eislutschers, und als sie in seinen Händen zerbrachen, sah er durch die Löcher im Boot, wie dicke silbrige Schuppen vorbeischossen, und er wusste, dass jeden Augenblick der Kopf einer riesigen Seeschlange aus den Wellen auftauchen und sich auf ihn stürzen würde. Und dann erschien neben ihm ein Mann mit einer Narbe auf der rechten Wange, blies in eine Trillerpfeife und sagte, es sei vorbei. Es war vorbei.

Teresas Schreie weckten ihn.

## 11.

Die *Galata* lag verdrießlich im Hafen, schaukelte zusammen mit den anderen Booten ächzend auf und ab und zerrte an ihrer Vertäuung, als die Windböen das Meer unter ihr aufwühlten. Der Optiker sah, wie sie sich von der Anlegestelle loszureißen versuchte, und verstand sie nur zu gut. Wie ihn und seine Freunde hatte man sie zurückgeschickt, bevor sie dazu bereit war; wie er und seine Freunde hatte sie eine Aufgabe nur zur Hälfte erfüllt. Er stellte sich vor, wie sie sich danach sehnte, wieder auf offenem Meer zu sein und die Suche erneut aufzunehmen. Unwirsch strich er über ihren Kiel, so, wie er einen Hund streicheln würde. Es war vorbei, hatte der Kapitän der Küstenwache signalisiert, indem er wiederholt die Arme kreuzte. Es war vorbei. Doch für ihn und seine Freunde würde es niemals vorbei sein.

Zu Teresa hatte er gesagt, er müsse zum Postamt gehen. Genau genommen war das keine Lüge; er hatte die Charge fehlerhafter Kontaktlinsen dabei, die er nach Neapel zurückschicken musste, und es gab ein paar Schecks, die versandt werden mussten, aber er hatte gewusst, sobald er damit fertig wäre, würde er hier am Hafen enden und eine ruhige Minute mit der *Galata* verbringen. Er hatte sich gesagt, dass er es für Francesco tun würde, der inzwischen wieder in seiner Tischlerwerkstatt in Mailand war. Er würde nach dem Boot schauen, um Francesco zu beruhigen. Ja, er war Francescos wegen gekommen.

Es war niemand sonst zu sehen. Die mürrische Nachmittagssonne, die an einem Katarrh schwerer Wolken erstickte, versuchte dem sämig und trüb aussehenden, nach Licht hungernden Wasser ein paar stählerne Glitzerpunkte zu entlocken. In dem schmutzigen Licht wirkte sogar die frische weiße Farbe der Kajüte verschmiert. Zögerlich trat er aufs Deck und spürte, wie die *Galata* unter seinem Gewicht schwankte. Für den Winter hatte man sie entblößt; ihre Kissen, Leuchtkugeln, Fender und Festmacherleinen waren alle unter Deck verstaut, sicher vor den Elementen. Am Schandeck, wo normalerweise der Rettungsring befestigt war, klaffte ein Lücke. Er sah hinab auf den Hecktritt, und sofort ballten sich seine Hände zu Fäusten.

Ohne Francesco fühlte er sich einsam. Ohne sie fühlte er sich einsam. Als er den Blick über das Deck der *Galata* schweifen ließ, konnte er sie wieder alle vor sich sehen. Das Mädchen in dem ölgetränkten türkisfarbenen T-Shirt, unnahbar dort am Bug sitzend wie eine tragische Galionsfigur. Den Jugendlichen, der Teresas rotes T-Shirt zu einer Art Windel verknotet und mit seinem öligen Finger schluchzend die Zahl der Passagiere für sie auf die Holzplanken gezeichnet hatte. Hier an Deck der *Galata* waren die Migranten alle in Sicherheit gewesen. Jetzt, befürchtete er, würden sie sich an die langen verknäuelten Leinen der aalglatten Asylbürokratie klammern und nie wieder festen Halt finden. Die E-Mail, die Francesco schließlich von einem der jungen Männer erhalten hatte, war verworren und beunruhigend gewesen. Sie befänden sich in einem großen Auffanglager in Sizilien, hatte der Junge geschrieben, man habe jedem von ihnen eine Nummer zugewiesen. Der Optiker ließ sich auf der harten Bank nieder, hakte seinen Finger in das Gummiband seiner Socke und ließ es gegen seinen Knöchel schnalzen. Lager und Nummern verhalfen ihm nicht gerade zu Seelenfrieden.

Mit dem Daumenballen fuhr er das Schandeck entlang und musste daran denken, wie ihre Fingerknöchel hervorgetreten waren, als sie sich im Schock daran festgeklammert hatten. Er brauchte sie um sich. Ihm war klar geworden, dass in dem Moment, als ihre Hände sich mit den seinen verschränkt hatten, nicht nur sie ins Leben zurückgeholt worden waren. Dort oben auf dem Kajütendach hatte er die Augen aufgerissen und sie zum ersten Mal erblickt. Die schwarzen Punkte, die keine schwarzen Punkte gewesen waren, sondern Männer, Frauen und Kinder, Fleisch und Knochen und Blut. Er hatte in ihre Augen gestarrt – wie sie sich auf der Schwelle zwischen Leben und Tod verdreht hatten! –, und er hatte keine Fremden erblickt. Er hatte ihre Not erkannt, und er hatte verstanden. Er hatte zu sehen begonnen.

Mit der Spitze seines Turnschuhs stieß er etwas eingetrockneten Möwenkot von dem geschrubbten Deck, die Schuhspitze aus Gummi rieb am Holz, und ein Kribbeln schoss seine Wade herauf und ging ihm durch und durch. In letzter Zeit schienen all seine Sinnesorgane übermäßig empfindlich zu sein. Zu Mittag hatte er die Kichererbsen in Teresas Salat nicht essen können, weil er das Aluminium der Dose schmecken konnte; es sei die gleiche Marke, die sie immer benutzten, hatte sie eingewendet und die Dose aus dem Mülleimer gefischt, um sie ihm zu zeigen, doch der scharfe, metallische Geschmack hatte ihm wie Blut auf der Zunge geklebt, und er konnte sie einfach nicht hinunterwürgen. Als sie verärgert den Deckel des Mülleimers zuknallte und die Salatteller in die Spüle schleuderte, ließ ihn das scheppernde Geräusch, das durch die Küche hallte, zusammenzucken. Er nahm seine Brille ab und presste die Handwurzeln in die Augen.

Teresa schien wie betäubt durch die Tage zu gleiten. Benommen driftete sie in der Wohnung aus and ein, ging ins Schlafzimmer, um etwas zu holen, vergaß, was es war, und stolperte mit dem schwankenden und verwirrten Gang einer Schlafwandlerin wieder hinaus. Der Arzt sagte, sie habe einen tiefen Schock erlitten; schon mehrmals hatten sie das Krankenhaus aufsuchen müssen. Inzwischen betrachtete sie alles ganz unbeteiligt, so, als spiele es in ihrer eigenen Welt keine Rolle mehr, sei mehr oder weniger belanglos.

Er stellte sich vor, dass ihre Gedanken sich übereinandertürmten wie die marmorierten weißen Strandkiesel, die das dekorative Glasgefäß im Badezimmer füllten. Irgendwie gelang es ihr, die fürchterlichsten Gedanken zuunterst zu halten, doch was würde mit ihr geschehen, wenn die Kiesel plötzlich durcheinandergerieten? Er hatte Angst um sie. Wenn er ehrlich war, hatte er auch ein wenig Angst *vor* ihr. Er hatte immer gewusst, wer Teresa war und wie sie reagieren würde. Wenn er schroff zu ihr war, weinte sie; wenn er ihr sagte, dass einer der Jungs am Apparat war, strahlte sie vor Freude; wenn er ihr bei einem Abendessen über den vollbesetzten Tisch zuflüsterte, wie schön sie aussehe, errötete sie wie damals als Schulmädchen. Doch seit jenem Tag auf dem Wasser war sie undurchdringlich wie eine Katze. Sie schlich in der Wohnung umher, ohne ihn zu brauchen, und das machte ihn nervös.

Unten im Geschäft war er mehr denn je auf ihre Hilfe angewiesen. Ständig vergaß er Dinge wie etwa die Höflichkeitsbesuche, und allmählich wurde der Papierkram unübersichtlich. Er hatte es versäumt, die Preise der Sonnenbrillen für den Schlussverkauf herabzusetzen. Er wusste, mit den Gestellen würde er jetzt einen Verlust machen; im vergangenen Jahr hätte er nachts deswegen wach gelegen und die Zahlen im Kopf nachgerechnet, doch obwohl er versuchte, sich mit ihnen herumzuquälen, gelang es ihm nicht mehr, sie wichtig zu nehmen. Die Geschäftsbücher hatte er sich schon seit einer Woche nicht mehr angesehen.

Einige Journalisten umkreisten sie noch immer wie Aasgeier. Gestern, er war gerade nicht im Geschäft gewesen, war die rothaarige Reporterin vorbeigekommen, hatte Teresa behelligt und Geld für eine »exklusive Story« angeboten. Als Teresa ihm davon erzählte, hatte ihn die Sache mit dem Geld zutiefst gekränkt. So also dachten die Leute von ihm? Ein skrupelloser Opportunist, der die Aussagen der Verzweifelten für ein paar Goldstücke verhökerte?

Und das abschätzige Wort »Story«, das sie benutzten, um die Tragödie zu beschreiben, war ihm zuwider. Es ließ das Bootsunglück wie ein Märchen aus längst vergangener Zeit erscheinen, das man Kindern vor dem Schlafengehen erzählte. Er kratzte einen weißen Farbklecks von dem metallenen Schandeck. Nun, es würde kein glückliches Ende geben, nicht für die Toten, nicht für die Überlebenden, nicht für sie.

Er und Teresa waren als Einzige auf der Insel zurückgeblieben. Bei der kleinen Zusammenkunft, die Francesco jedes Jahr organisierte, um sich von der Gruppe zu verabschieden, war die Stimmung diesmal gedrückt gewesen, auch wenn dem Optiker auffiel, dass sie alle mehr Wein als gewöhnlich tranken. Elena hatte gereizt auf den unaufmerksamen Kellner reagiert, und Matteos Gekasper hatte gezwungen und halbherzig gewirkt, sodass nur die gutmütige Maria darüber lachte. Ihre Gesichter waren von den schweren, dunklen Spuren ihrer unruhigen Nächte gezeichnet. Die Tränensäcke unter Giulias Augen waren so ausgeprägt, dass er sie gefragt hatte, ob ein Moskito sie gestochen habe. Während der Mahlzeit hatten ihr Tränen in den Augen gestanden. Nach dem Essen hatten er, Francesco und Gabriele zusammen auf der Terrasse gesessen und endlose Zigaretten geraucht. Sie hatten nur wenig geredet, doch ihr Schweigen war tröstlich und kameradschaftlich gewesen. Nur sie acht. Nur sie.

Er beschloss, Francesco eine SMS zu schicken und ihm mitzuteilen, dass es der alten Dame gut gehe. Er würde so tun, als hätten sie einen Spaziergang gemacht, er und Teresa, als wären sie nur am Kai entlanggeschlendert und hätten dann einen kleinen Umweg gemacht, um nach dem jüngsten Regensturm nach der *Galata* zu sehen. Alles gut, schrieb er. Alles gut hier, alles in bester Ordnung. Francescos Antwort kam rasch. Geht's dir gut?, fragte er.

Eigentlich kam er sich albern vor, dennoch kletterte er auf das Kajütendach. Auf seinen alten Beobachtungsposten. Seine Augen schmerzten, als er angestrengt in die Tiefe des Hafengewässers starrte. Zwischen den eng aneinandergedrängten Booten schwirrte ein Schwarm kleiner silbrig blauer Fische hin und her, doch in den Glasscherben sporadischen Sonnenlichts konnte man sie nur zeitweise erkennen. Er nahm seine Brille ab und ließ die Bilder um ihn herum verschwimmen, ihre Farben zerrinnen und ineinanderlaufen. Diese kurzsichtige Welt war weicher, ein undeutliches Durcheinander von Gestalten und Formen ohne Konturen. Doch er konnte die Tatsache nicht ignorieren, dass die winkenden Hände für ihn stets sichtbar gewesen waren. Ja, sie hatten ihm aus dem Wasser zugewinkt, aber sie hatten ihm auch schon aus dem Erstaufnahmezentrum zugewinkt, von der Treppe der Kirche und vom Straßenrand, wo er blind an ihnen vorübergejoggt war. Sie hatten ihm aus den Zeitungskolumnen und von den Fernsehbildschirmen zugewinkt, und er hatte sie herausgefiltert und sie abgeschaltet. Sie waren stets in seinem Blickfeld gewesen, und er hatte sich dafür entschieden, sie zu übersehen.

Er blickte auf die Uhr und merkte, dass er sich rasch auf den Rückweg machen musste, um seinen Vier-Uhr-Termin im Geschäft einzuhalten. Er verzog das Gesicht. Signor Abate, der griesgrämige alte Bootsführer, der während der Hauptsaison eine Flotte von Tretbooten an Touristen vermietete. Nicht gerade ein Vergnügen. Der Optiker schwang sich vom Kajütendach, stand einige Augenblicke lang still und lauschte dem Gezeter der Boote, ehe er wieder auf den Kai kletterte.

Auf dem Heimweg überquerte er die Straße und blieb am Friedhof der Migrantenboote stehen, wo eine Flottille hölzerner Kadaver auf dem Kies gestrandet war; die zersplitterten Rümpfe mit unansehnlichen Wunden übersät. Die abgetakelten Schiffe lagen schwerfällig auf der Seite – eine Geste der Kapitulation. Ihr Anblick ließ ihn zusammenzucken. Seit wie vielen Jahren schon wurden verzweifelte Menschen, deren Kraft bis zum letzten Tropfen erschöpft war, hier an Land gespült? Er biss die Zähne zusammen. Und wie viele zerschmetterte Wracks waren nötig, bevor Europa aufhörte zu debattieren und sich stattdessen darauf einigte, etwas zu unternehmen? Die krächzenden Möwen, die in den warmen Aufwinden kreisten und dahinsegelten, marterten seine Ohren.

Signor Abate war zu früh zu seinem Termin erschienen und beklagte sich bereits über irgendetwas bei Teresa, als der Optiker ins Geschäft trat. Widerwillig zwang sich der Optiker zu einem Lächeln und begrüßte ihn professionell. Der alte Mann war ein wenig taub, und der hohe Ton seiner Stimme schrillte in seinen Ohren.

Signor Abate quasselte unaufhörlich, während der Optiker versuchte, seinen Augeninnendruck zu messen.

»Jetzt werden Sie einen kleinen Luftstoß verspüren, Signor Abate.«

Er nahm sein Ophthalmoskop zur Hand und trat näher an Signor Abate heran.

»Versuchen Sie bitte, kurz stillzuhalten, Signor Abate«, sagte er sanft. »Ich möchte mir nur kurz Ihren Sehnerv anschauen, um sicherzugehen, dass er genauso gesund ist wie Sie selbst.« Doch der alte Mann murrte weiter.

Keine einzige Wiederbuchung im Hotel seines Bruders. Zum ersten Mal seit der Eröffnung vor fünfunddreißig Jahren hätten die Gäste an der Rezeption ausgecheckt, ohne ihr Zimmer sofort fürs nächste Jahr zu reservieren. Zu viel Angst, hätten sie gesagt. Zu viel Angst, dass sie beim Schwimmen auf eine Leiche stoßen könnten! Verdammte Migranten, die verwandelten eine paradiesische Insel noch in eine Horrorgeschichte!

Der Optiker zog den Kopf zurück und schloss kurz die Augen. Die Ader über seinem rechten Ohr pochte. Als er die Augen öffnete, sah er, dass Teresa schräg auf der Schwelle des Geschäfts stand, die linke Hand flach aufs Ohr gelegt, um Signor Abate nicht hören zu müssen. Sie machte eine Kaubewegung und schürzte dabei die Lippen, und er wusste, das konnte nur Tränen bedeuten.

Noch vor ein paar Jahren, fuhr Signor Abate unbeirrt fort, noch vor ein paar Jahren habe das Hotel seines Bruders eine ellenlange Warteliste gehabt; jetzt sei das Reservierungsbuch so leer wie nur was. Verdammte Migranten, die ruinierten Lampedusa noch; heute wählten die Urlauber alle Sardinien als Reiseziel, obwohl sie wüssten, dass man ihnen dort das Geld aus der Tasche ziehe. In Sardinien sei der Preis für ein Tretboot im August doppelt so hoch wie hier. Mehr als doppelt so hoch! Sie hätten die Kunden vertrieben, diese Migranten. Sie hätten die Kunden vertrieben.

Der Atem des alten Mannes roch nach Makrele. Der Optiker selbst achtete darauf, sich nach dem Mittagessen stets die Zähne zu putzen.

»Jetzt bitte die Augen weit öffnen, Signor Abate.«

Man müsse die Leute davon abhalten, ständig über die Migranten zu reden, leierte Signor Abate weiter. Das sei nämlich das Problem. Alle dächten nur an die Migranten. Jedes Konzert auf der Insel sei eine Wohltätigkeitsveranstaltung zugunsten der Migranten, jeder Zeitungsbericht, der Lampedusa erwähne, handele von den Migranten. Nun, es werde langsam Zeit, die Sache richtigzustellen!

»Sieht alles gut aus, Signor Abate«, besänftigte ihn der Optiker, während er hinter dem Rücken eine Faust ballte.

Teresa stand noch immer auf der Türschwelle. Ihr Hals war rot, ihr Kinn hochgereckt. Er musste an das Mädchen in dem türkisfarbenen T-Shirt denken, das zu stolz gewesen war, um auf dem Boot zu weinen.

Er räusperte sich. »Jetzt möchte ich noch schnell Ihr peripheres Sehvermögen prüfen«, sagte er höflich. »Könnten Sie sich bitte auf die Lichtpunkte konzentrieren, die ich Ihnen gleich zeigen werde, und mir Bescheid geben, wenn Sie einen sehen?«

Nicht mal unser Problem, brummelte der alte Mann, als er auf seinem Stuhl nach vorne rückte. Nicht mal unser Problem, aber wo man auch hinsieht, tanzen sie einem auf der Nase herum.

»Es ist wichtig, dass Sie mir Bescheid sagen, wenn Sie die Lichtpunkte sehen, Signor Abate.«

Was hat das überhaupt mit uns zu tun? Was hat irgendeiner dieser Menschen mit uns zu tun?

»Signor Abate? Die Lichtpunkte!«

Eine Tür fiel ins Schloss, und der laute Knall ließ beide aufschrecken. Der Optiker blickte rasch hoch und sah gerade noch, wie Teresa, das Gesicht puterrot von unterdrückten Tränen, am Schaufenster vorbei in Richtung Giulias Geschäft rannte. Er nahm seine Brille ab, massierte seine Augen und atmete langsam aus. Sie musste vergessen haben, dass Giulia und Gabriele Lampedusa letzte Woche verlassen hatten.

»Was war das?«, fragte Signor Abate und tastete auf dem Tisch nach seiner eigenen Brille. »Was zum Teufel war das?«

Der Optiker schob sich die Brille wieder auf den Nasenrücken und rieb sich die Hände.

»Nur der Wind, Signor Abate«, sagte er beschwichtigend, als er den Kopf des alten Mannes wieder zur Kinnstütze drehte. »Nur der Wind.«

## 12.

Wenn ein starker Wind aufgekommen wäre. Wenn der Wind nicht sanft geblieben wäre. Wenn der Wind das Meer aufgepeitscht hätte, bis es vor Zorn kochte. Wenn.

Wie viele Male hatte er sich in den vergangenen zwölf Monaten mit dem Spiel »Was wäre gewesen, wenn?« gequält? Ein Jahr später spielte er es noch immer – er spielte es nachts, wenn er nicht schlafen konnte, er spielte es, wenn er in seinem Büro am Computer saß, er spielte es, wenn er zum Postamt ging, er spielte es in der Wartehalle des Flughafens. Und es spielte mit ihm. Wieder und wieder.

Wenn plötzlich ein starker Wind aufgekommen wäre, hätte Francesco im Geschäft angerufen, um ihn zu warnen, dass es bei so kabbeliger See eine unangenehme Fahrt werden würde. Besser, wir verschieben sie auf nächste Woche, hätte er gesagt. Wenn er auf dem Heimweg auf der Via Roma über einen losen Pflasterstein gestolpert wäre und sich den Knöchel verstaucht hätte – auf Krücken hätte er nicht an Bord gehen können. Wenn Maria nicht wegen des Abendessens angerufen und er sein Glück stattdessen mit den letzten Sardinen beim Fischhändler versucht hätte, vielleicht hätten er und Teresa sich eine schreckliche Lebensmittelvergiftung zugezogen, und er hätte von seinem Bett aus Francesco angerufen, um sich zu entschuldigen. Wenn er an jenem Tag nicht an Bord gegangen wäre, hätte er das Wochenende damit verbracht, die Preise für die Sonnenbrillen der vergangenen Saison herabzusetzen und den Ausverkauf vorzubereiten. Jetzt, ein volles Jahr später, hätte er womöglich einen kleinen Gewinn erzielt und würde seinen Sohn vielleicht mit einer Überweisung von ein paar hundert Euro überraschen, um ihm bei der Gründung seiner neuen Firma zu helfen. Er hätte keine dunklen Ringe unter den Augen und würde nachts ruhig schlafen, und seine Frau würde nicht schreiend aufwachen und nach Luft ringen. Wenn.

Moment! Er ist nicht der einzige Spieler in diesem Spiel. Was ist mit *ihnen*?, flüstert die Stimme in seinem Kopf. Wo bleiben in diesem neuen Narrativ die Flüchtlinge und ihre winkenden Hände? Auch wenn er an diesem Tag nicht an Bord gegangen wäre, ihr eigenes Boot hätten sie trotzdem bestiegen. Sie wären trotzdem gekentert und im Wasser geendet. Sieh nur! Da sind sie in den Wellen und schreien, aber jetzt ist niemand da, der sie hört. Sie winken und klammern sich an Hände, die nicht da sind. Hände, die nicht zur Stelle sein werden, Hände, die niemals zur Stelle sein werden, weil sie damit beschäftigt sind, Signora Maggioranis Nummer zu wählen, um sie an ihren Sehtest in der kommenden Woche zu erinnern, weil sie damit beschäftigt sind, an den Damensonnenbrillen Ausverkaufsschildchen zu befestigen.

Nein. Die Karten waren ausgeteilt, und der Stapel würde nicht neu gemischt werden. Er würde sein Blatt akzeptieren und es ausspielen; er würde sich nicht dafür entscheiden, das Spiel auszusitzen und nur zuzusehen. Manchmal wünschte er sich halt nur, sein Kopf könnte wieder zur Ruhe kommen, so wie vor dem Bootsausflug. Als seine Gedanken noch nicht unablässig hin und her gingen wie der Wellengang des Meers, als er noch nicht unaufhörlich Fragen aufwerfen, nach Antworten suchen und so lange mit diesem »Was wäre gewesen, wenn?« hadern musste, bis er vor Erschöpfung nur noch weinen wollte. Denn Sie wissen ja, wenn er nur ...

Um Himmels willen! An der Spüle drehte er den Kaltwasserhahn auf und hielt das Gesicht unter den eisigen Strahl, bis er nach Luft schnappen musste. Reiß dich zusammen, murmelte er, während er nach dem Handtuch suchte. Reiß dich zusammen, du bist eben, wo du bist. Mit einem Zipfel des Handtuchs wischte er das Kondenswasser vom Spiegel und warf sich das Tuch dann über die Schulter. Und überhaupt, rief er sich in Erinnerung, als er das Rasiermesser aufhob, da heute der erste Jahrestag des Bootsunglücks war, würde es zwar ein trauriger Tag, aber auch ein guter Tag werden. Es würde ein guter Tag werden, weil drei der Flüchtlinge, die sie gerettet hatten, heute auf die Insel zurückkommen und sie sich wiedersehen würden. Er blickte auf seine Armbanduhr. In zwei Stunden wären sie wieder vereint. In weniger als zwei Stunden. Vor lauter Aufregung war er so nervös, dass er fast einen Knoten im Magen bekam.

War das Teresa, die da sang? Neugierig geworden, legte der Optiker das Rasiermesser weg, öffnete ein Stück weit die Badezimmertür und hielt das Ohr an den Spalt. Ja, das war eindeutig die Stimme von Teresa, die im Schlafzimmer gegenüber Madonna im Radio begleitete. Er spähte durch den kleinen Spalt. Jetzt konnte er sie auch sehen. Sie machte die Betten, bauschte im Takt zur Musik die Kissen auf und tanzte ein wenig. In ihren Bewegungen lag Leichtigkeit, ja beinahe Freude.

»La la la, la la la la la …«

Er lächelte und schloss rasch die Tür, bevor sie merkte, dass sie beobachtet wurde, und sich genierte. Sollte sie ihren sorglosen Moment ruhig genießen! Das vergangene Jahr hatte ihr schwer zugesetzt; die Albträume hatten sie den ganzen Winter hindurch verfolgt, und sie hatte ihren Appetit verloren. Doch als sich zu Beginn der neuen Saison – zusammen mit dem warmen Wetter – Maria, Gabriele und Giulia wieder eingefunden hatten, war sie deutlich aufgelebt. Gelegentlich wurde er noch immer davon geweckt, dass sie die Betttücher zerwühlte und nicht atmen konnte; dann wusste er, dass sie wieder mit ihnen im Meer war und verzweifelt versuchte, sich über Wasser zu halten. Doch im Sommer war ihr Lachen zurückgekehrt, und jetzt sang sie sogar.

»La la la, la la la la la!«

Die Melodie war natürlich albern. Wie konnte es sein, dass Leute für so lächerlichen Unsinn bezahlt wurden? Als er das Rasiermesser wieder zur Hand nahm, stellte er überrascht fest, dass auch er mitsang. Er grinste töricht. Zumindest hatte Matteo ihn nicht dabei erwischt!

Er stutzte den graumelierten Spitzbart, den er inzwischen trug. Die dunklen Ringe unter den Augen hatte er noch immer, und sein Gesicht war deutlich schmaler geworden. Übers Jahr hatte er auch an Gewicht verloren; die beige Hose, die er sich gegen Ende des letzten Sommers gekauft hatte, hing lose an ihm herab; Teresa sagte, er sehe aus, als habe er sich die Hose seines Vaters ausgeliehen. Doch er fühlte sich nach wie vor stark, vor allem an einem Tag wie heute. Er drückte die Schultern durch und ließ seine Brustmuskeln spielen. Er musste ruhig bleiben und seine Gefühle im Zaum halten. Teresa zuliebe musste er die Situation meistern. Als er die Badezimmertür aufstieß, überraschte sie ihn damit, dass sie auf dem Gang Pirouetten drehte. Beide mussten lachen.

Es war ein grauer Morgen mit einem verdrießlichen Himmel, aber noch immer warm genug, um draußen auf der Terrasse des Cafés zu sitzen. Kaum hatten sie Platz genommen, als auch schon Maria, Matteo und Francesco erschienen, und der Optiker spürte, wie eine Welle der Begeisterung in ihm hochstieg. Francesco hatte die letzten drei Tage wie verrückt auf dem Boot geschuftet, die Lackschicht aufgefrischt, Salzflecken von den Kissenbezügen gewaschen und Meeresschlamm von den Fendern geschrubbt. Jetzt sei die alte Dame bereit, sie wie Könige zu empfangen, sagte Francesco. An diesem Nachmittag würden die acht Freunde die Überlebenden zur Unglücksstelle bringen. Zum Gedenken an diejenigen, die sie nicht hatten retten können, würde es eine Zeremonie geben. Maria hatten Blumen gekauft, die sie ins Meer werfen würden; sie sagte, ihre Küche strahle nur so von gelben und weißen Blüten.

Nicht, dass der Optiker Angst davor hatte, wieder auf dem Wasser zu sein; Himmels noch eins, er war Seemann, durch seine Adern floss Salzwasser! Seit dem Bootsunglück war er unzählige Male gesegelt; sowohl hier als auch in Neapel. Er hatte Jachten gesteuert; er war auf Vergnügungsfahrten gewesen, und in diesem Sommer waren er und Francesco mit der *Galata* oft zum Fischen in die Bucht vor der Spiaggia dei Conigli gefahren. Nun gut, er hatte den Wellengang etwas aufmerksamer studiert als früher, so viel konnte er zugeben, aber er war nie in Panik geraten oder dergleichen. Heute allerdings wäre es das erste Mal, dass alle acht wieder zusammen dort draußen wären. Alle acht an Bord der *Galata*. Und unter der Begeisterung lauerte eine unheilvolle Vorahnung. Er begann, seine Papierserviette zusammen- und wieder auseinanderzufalten. Da war dieses nagende Gefühl, die Geschichte könnte sich auf die eine oder andere Art wiederholen, die Angst, das Meer könnte sich dazu entschließen, sie einer weiteren Prüfung zu unterziehen.

Vor dem Café tauchten Giulia und Gabriele auf mit Elena im Schlepptau. Elena reckte den Hals, um das Gebäck zu begutachten, das drinnen auf dem Tresen auslag, und kam herein, um eine sachkundigere Entscheidung zu treffen. Wieder warf der Optiker einen Blick auf seine Uhr und warnte sie, dass ihnen, wenn sie um halb elf am Rathaus sein wollten, nicht mehr genug Zeit blieb, um in Ruhe ihren Kaffee zu trinken. Es ist wie damals, als wir ihnen beim Gedenkgottesdienst im Flughafenhangar begegneten. Wir müssen genau in dem Moment da sein, wenn sie eintreffen, damit sie wissen, dass wir sie unbedingt sehen wollen, damit sie wissen, dass wir all die Monate auf sie gewartet haben. Er sagte nichts, aber sein linkes Bein zuckte unruhig unter dem Tisch.

Francesco berichtete von der Konferenz, die vor der Zeremonie auf See im Rathaus abgehalten werden sollte; eine Konferenz über die Lehren der Tragödie, erklärte er. Elena und Giulia bekundeten ihr Interesse an einer Teilnahme, doch der Optiker verzog voller Widerwillen das Gesicht. Vor derlei öffentlichen Versammlungen scheute er zurück. Das alles war sowieso nur heiße Luft, und er würde sich nur ärgern und aufregen. Ein Saal voller sentimentaler Beamter aus Italien und der EU, die von sich geben würden, wie schrecklich es sei, dass noch immer Boote verunglückten, und angesichts der Tragödie, die sich erst letzten Monat vor der Küste Maltas ereignet hatte, als an die fünfhundert Menschen ertrunken waren, die Köpfe schütteln würden. Ja, es war schrecklich, was also unternahmen sie dagegen? Er trommelte mit den Fingern auf den Tisch. Vor kaum einem Jahr hatte die italienische Marine ihre spezielle Such- und Rettungsaktion *Mare Nostrum* ins Leben gerufen, doch die Regierung hatte bereits deren Ende verkündet – ohne die Unterstüzung der europäischen Nachbarstaaten sei die Operation zu kostspielig. Nein. Er nahm besser nicht an der Konferenz teil. Er konnte diese leeren Versprechungen nicht länger ertragen. Teresa legte die Hand auf sein zuckendes Knie, um ihn zu beschwichtigen.

Er atmete tief ein. Wie auch immer, heute sollte ein glücklicher Tag werden, ein Tag zum Feiern! Elena hatte eine Auswahl von Kuchen und Keksen besorgt und drängte sie der Gruppe auf. Sie knuffte ihn in die Seite.

»Du könntest ein bisschen mehr Fett vertragen«, neckte sie ihn und reichte ihm den Teller. Er betrachtete die Kuchen eingehend und wählte ein kleines Mandelgebäck. Es war noch ofenwarm und zerbröselte in seinem Mund, sodass er husten musste. Sie lachten ihn aus, als ihm die Tränen über die Wangen liefen.

Maria hatte den Brief mit dem Veranstaltungsprogramm mitgebracht, den sie alle vom Rathaus erhalten hatten. Nach einer päpstlichen Audienz in Rom seien die Überlebenden und mehrere Angehörige von Verstorbenen gestern Abend auf der Insel eingetroffen, las sie vor. Nach der Konferenz am Vormittag werde es ein leichtes Mittagessen geben, gefolgt von einer speziellen Zeremonie, bei der eine Flottille von Booten eine Pilgerfahrt zur Unglücksstelle unternehmen werde. Der Optiker verzog das Gesicht. Sollte man ihn ruhig selbstsüchtig nennen, aber er wünschte sich, sie könnten all die offiziellen Verpflichtungen auslassen und einfach nur ein paar private Momente mit den Überlebenden allein verbringen. Er wusste, dass es den anderen genauso ging; er sah Gabrieles finsteren Blick. Francesco blickte zum Himmel auf und schnalzte missbilligend mit der Zunge. Später werde es Regen geben, warnte er. Man könne ihn bereits spüren.

Auf dem Weg zum Rathaus nahm der Optiker Teresas Arm und drückte ihn fest gegen seinen. Er wollte, dass das Wiedersehen heilsam für sie wäre. Er hoffte, dass es heilsam für sie alle wäre. Vor dem Rathauseingang trafen sie einige von Elenas Freunden, Mitglieder einer örtlichen NGO, die eine Demonstration planten. Er las ihre Protestschilder und beugte sich vor, um die halb zusammengerollten Transparente zu betrachten, die sie aus alten Laken angefertigt hatten.

Im Rathaus hakte eine gehetzte Angestellte, die bei dem Versuch, die Seiten auf ihrem Klemmbrett umzublättern, ständig ihren Stift fallen ließ, auf einer langen Liste ihre Namen ab. Sie deutete auf die schwere Eichentür zu ihrer Rechten. Die sind alle da drin, sagte sie. In diesem Raum.

Der Optiker stand der Tür am nächsten. Er zögerte, seine Finger umklammerten den Türgriff, sein Herz pochte. Als er die Klinke hinunterdrückte, drehte er sich um und blickte seine Freunde an. Ihre Gesichter waren gespannt vor Aufregung und Angst, und er sah, dass sie auf den Erfolg dieser Begegnung ebenso angewiesen waren wie er. Welche Ironie, dass sie am Ende auf diese Flüchtlinge, die selbst nichts besaßen, so dringend angewiesen waren! In seinen Träumen waren die Hände, die ihm aus dem Wasser zuwinkten, manchmal gar nicht schwarz, sondern weiß. Er nickte seinen Freunden zu. Die Klinke war hinuntergedrückt, aber er konnte sich nicht dazu durchringen, die Tür zu öffnen. Am Ende war es Teresa, die sie weit aufstieß.

Der Raum war klein und voll weißer Männer mittleren Alters in Anzügen und jungen Ostafrikanern in T-Shirts, Jeans und Turnschuhen. Am Ende des Raums entdeckte der Optiker neben einem aufgebockten langen Tisch, der mit Saftkrügen und Kaffeespendern versehen war, einen der Fischer, die der *Galata* bei der Rettungsaktion geholfen hatten. Er hatte sich in ein braunes Cordjackett geworfen, und im Vergleich zu dem kleinen Espressotässchen, das er hielt, wirkte seine rote Hand riesig. Doch der Optiker hatte keine Zeit für weitere Beobachtungen.

Der junge Mann, der Erste, den sie gerettet hatten, stürzte sich fast sofort in Teresas Arme, und sie umschlangen einander wie Mutter und Sohn. Nach einigen Sekunden riss sich der Jugendliche von ihr los und plapperte aufgeregt. Er wollte ihr etwas zeigen.

»Guck mal!«, sagte er und schmiegte wie ein Kind mit Schnuller ein Stück Stoff ans Kinn. »Guck mal!« Der Optiker erkannte es sofort. Es war das grellrote T-Shirt, das Teresa dem jungen Mann gegeben hatte, als er nackt an Bord der *Galata* gezogen worden war, und das er wie eine Hose getragen hatte. Teresa umschloss mit beiden Händen das Gesicht des Halbwüchsigen. Wie rührend, dass der Junge es behalten hatte, dass er es nach all der langen Zeit und nach Gott weiß wie vielen Flüchtlingslagern und Asylzentren noch immer bei sich trug! Er hatte Teresas Güte zu schätzen gewusst. Der Optiker zog den Jungen rasch an sich, damit er nicht sah, dass er weinte.

Angesichts eines Blatt Papiers, das die beiden anderen Flüchtlinge ihnen gegeben hatten, stießen Maria und Gabriele Rufe aus. Der Älteste der Überlebenden, ein Mann etwa Anfang dreißig, hatte ein paar Worte Italienisch gelernt und erklärte ihnen, dass sie den Menschen, die ihr Leben gerettet hatten, ein Geschenk machen wollten. Es sei nicht viel, sagte er mit verlegenem Schulterzucken, doch sie hätten es – er legte die Hand aufs Herz – mit Liebe gefertigt. Der Optiker beugte sich über das Blatt Papier. Es war eine schlichte, aber sehr schön ausgeführte Zeichnung einer ausgestreckten Hand, die aus dem Wasser ragte und auf eine andere Hand traf, die sie mit festem Griff packte. Es war die Zusammenfassung ihrer Geschichte.

Der älteste Überlebende, erfuhren sie beim Kaffee, war in Eritrea Lehrer gewesen. Es sei kein guter Beruf, Kinder zu unterrichten, die keine Zukunft hätten, gab er ihnen zu verstehen. Mithilfe seines begrenzten Italienisch und ihres dürftigen Englisch stoppelten sie die Geschichte des Flüchtlings zusammen; es war, als versuche man, ein schwieriges Kreuzworträtsel zu lösen, indem jeder etwas beisteuerte und Antworten auf Fragen erriet. Der Optiker musste sich stark konzentrieren, um dem Mann folgen zu können. Er verstand, dass alle drei Überlebenden inzwischen in Schweden lebten, dass die meisten Geretteten dort lebten und sie auf die Bearbeitung ihrer Asylanträge warteten, damit sie arbeiten und ein neues Leben beginnen konnten. Sie seien ein wenig frustriert, dass ihr Leben zum Stillstand gekommen sei, solange der Papierkram erledigt werde. Schweden sei schön und sehr kalt, sagten sie, aber sie würden sich nicht beschweren. Er unterbrach sie mit einer entschuldigenden Handbewegung. Was ist mit dem Mädchen?, fragte er ungeduldig. Was war mit dem Mädchen geschehen, mit dem Mädchen im türkisfarbenen T-Shirt? Die drei Männer berieten sich einen Augenblick lang in ihrer eigenen Sprache. Norwegen?, schlugen sie vor. Vielleicht Norwegen? Er spürte, wie seine Schultern zusammensackten.

Die Frau mit dem Klemmbrett betrat den Raum und teilte ihnen mit, dass die Konferenz in Kürze beginnen werde. Francesco erklärte den drei Männern, für die Zeremonie auf dem Meer würden sie sie am Hafen treffen, und sagte ihnen zu, sie auf seinem Boot mitzunehmen, damit sie alle zusammen wären. Der junge Mann, der noch immer Teresas T-Shirt umklammerte, trat nervös von einem Bein aufs andere und biss sich auf die Lippen. Er habe große Angst, erklärten die beiden anderen. Beinahe wäre er nicht gekommen, so sehr fürchte er sich davor, wieder draußen auf See zu sein. Der Optiker nahm die Hand des Halbwüchsigen, ballte sie zu einer Faust, umfasste sie und deutete auf die Zeichnung. Ein, zwei Sekunden lang sah der Junge dem Optiker in die Augen, als suche er etwas, dann entspannte sich sein Gesicht. Er nickte dem Optiker zu. Er vertraute ihm.

Als sie ablegten, war es bereits später Nachmittag, und der Himmel hatte sich noch immer nicht entschieden, ob er seine schweren Regenwolken nun entleeren wollte oder nicht. Argwöhnisch suchte der Optiker ihn ab. Maria und Teresa saßen auf einer Bank an Deck und hielten den nervösen jungen Mann bei der Hand. Als der Optiker Teresa nach dem Bootsunglück erstmals wieder mit aufs Meer hinausgenommen hatte, war sie bleich gewesen und seekrank geworden. Jetzt, wo sie sich um den Jungen kümmern konnte, bei dessen Rettung sie mitgewirkt hatte, sah sie einfach nur zufrieden aus. Auch er konnte sich entspannen.

Beinahe in demselben Moment, da der Lehrer die *Galata* bestiegen hatte, war er verstummt. Er war auf den Bug des Boots zugegangen, wo er jetzt stand, das Gesicht dem Wind zugewandt, den Blick starr nach vorn gerichtet. Der andere junge Mann saß, die Baseballkappe tief in die Stirn geschoben, neben dem Rettungsring, er hatte eine Hand erhoben und streichelte das zusammengerollte Seil. Der Optiker stieß seinen Fuß an und reckte den Daumen in die Höhe. Der Junge erwiderte die Geste mit einem kleinen Lächeln. Zu beiden Seiten wurde die *Galata* von Schiffen der Küstenwache und von Fischerbooten flankiert, sodass sie ein wenig schaukelte.

Der Optiker schämte sich, als sie die Unglücksstelle erreichten. Er schämte sich dafür, dass sie der Küste so lächerlich nahe waren. Die Spitze des Küstensaums sah vulgär aus, wie sie so ins Meer hinausragte. Er stellte sich vor, dass die Migranten, als sie im Wasser ertranken, sich von ihr verhöhnt gefühlt haben mussten, weil sie ihre Nähe zur Schau gestellt und mit dem Versprechen des Hafens geprunkt hatte. Sie waren nicht einmal einen Kilometer vom Ufer entfernt, und doch hatten hier dreihundertachtundsechzig Menschen den Tod gefunden. Er bedeckte das Gesicht mit den Händen und spürte Gabrieles Griff auf seiner Schulter.

Vom Schiff der Küstenwache kamen zwei lange Sirenenstöße – das Zeichen, dass die Zeremonie beginnen sollte. Die Crew der *Galata* selbst hatte nichts Besonderes geplant, jedoch waren sich alle einig – falls überhaupt einer von ihnen sprechen würde, musste es Francesco sein. Die drei Überlebenden dagegen hatten, wie der Optiker sah, ihr Vorgehen geprobt. Jeder von ihnen hob eins von Marias sonnigen Blumenbuketts auf und wandte das Gesicht dem Wasser zu. Halb psalmodierend, halb singend, begannen sie in ihrer eigenen Sprache zu beten und hielten ihr Gleichgewicht gegen den Seegang, indem sie die Hüfte zwischen die Gitterstäbe des Schandecks zwängten. Dann schleuderten sie die Blumen mit einem Schrei ins Meer, und der Optiker sah, wie der älteste Überlebende etwas aus seiner Jeanstasche holte, das wie grober Sand oder vielleicht Reis aussah, und es an die beiden anderen austeilte. Gemeinsam rezitierten sie noch einige Verse, und mit gesenktem Kopf verstreuten sie die Körner auf den Wellen.

Er sah, dass ihre Rücken von Schluchzern erschüttert wurden, und wieder musste er daran denken, wie sie in ihren erbärmlichen abgelegten Kleidungsstücken und in Schuhen, die überhaupt nicht zusammenpassten, im Flugzeughangar gestanden hatten. Er sah die glänzenden, mit militärischer Präzision nebeneinander aufgestellten Särge, die fröhlichen Teddybären, die auf den winzigen weißen Särgen saßen, das Mädchen mit den Blasen auf den Fingern, und er roch den Gestank ihres ausgebrannten, zerstörten Lebens. Und er sah den jungen Mann, der sich Teresas zinnoberrotes T-Shirt wie eine Windel um die Hüften geschlungen hatte; heulend wie ein hilfloses Neugeborenes war er mitsamt der Nachgeburt aus Öl und Benzin an Deck geschlittert.

Derselbe junge Mann wandte sich vom Meer ab, trat auf ihn zu und streckte ihm die Hand entgegen. »Komm«, sagte er und blickte ihm direkt in die Augen. »Komm und bleib bei uns.«

Und so hielten sie sich alle an den Händen, standen in einer Reihe da und blickten hinaus aufs Meer. Und als die Flüchtlinge abermals zu beten begannen, war dem Optiker nicht länger unbehaglich zumute. Seine rechte Hand hielt die des Halbwüchsigen, und mit der linken umfasste er Teresas. Er sah nicht mehr die Küstenwache, die Boote der Presse und die Fischerboote, die sie umringten. Er spürte nur noch die beiden Menschen, nur sie und die Stille. Und plötzlich begriff er mit vollkommener Klarheit, dass der Augenblick, den er jetzt erlebte, der Augenblick, in dem er jetzt lebte, der reinste und intimste seines Lebens war. Er konnte ihrer aller vereinten Puls spüren, den seiner engsten Freude und den der Flüchtlinge, wie er in seinen eigenen Handgelenken pochte. Er konnte ihren gemeinsamen Blutstrom spüren.

Der Halbwüchsige drehte sich zu ihm um, ließ seine Hand los und hielt seinen Zeigefinger hoch. Heute, sagte er, bin ich ein Jahr alt. Er zeigte erst auf den Optiker, dann aufs Meer. Dort, wollte er sagen, indem er mit dem Finger auf das Wasser deutete, dort war ich tot. Aber hier – er breitete die Arme über das Deck der *Galata* aus –, hier wurde ich wiedergeboren.

Als sie im Hafen einliefen, begannen die ersten Regentropfen zu fallen. Diesmal gab es jedoch keine Abschiedstränen, als die drei Überlebenden auf den Kai kletterten; am kommenden Nachmittag würden sie sich wiedersehen, und niemand würde versuchen, ihre Begegnung zu verhindern. So verabschiedeten sie sich lächend und mit innigen Umarmungen, einander so sicher wie Familienangehörige. Dennoch blickte er ihnen lange nach, als sie davonschlenderten, bis er sah, dass sie die anderen Überlebenden trafen und in Sicherheit waren.

Als sie die *Galata* in Ordnung gebracht und sicher an ihrem Liegeplatz vertäut hatten, war es schon recht dunkel. Gabriele sagte, er brauche ein Bier. Matteo erwiderte, er brauche zwei. In diesem Moment fiel Regen, ein Wolkenbruch ergoss sich über sie und zwang sie, Schutz zu suchen. Und so landete der Optiker in jener grässlichen Bar, die ihm so verhasst war mit ihrer grellen elektrischen Beleuchtung und ihrer nervtötenden Musik.

Aus einem Bier wurden rasch zwei. Und als der Optiker auf die Uhr sah, war es höchste Zeit für einen Aperitif – es wäre ein Verbrechen gewesen, nicht ein Glas Wein auf diesen Tag zu erheben.

Welcher Song wurde da gerade gespielt? War es etwa diese Madonna-Nummer? Er stupste Teresa an.

»La la la«, mimte er, und beide begannen zu lachen.

»Du wirkst entspannter«, sagte Maria und tätschelte zärtlich sein Knie. »Wussten Sie das, *Signor Pedante*? Du wirkst in letzter Zeit entspannter.«

Den Wein ließ er zurückgehen, aus Prinzip.

Als sie die Bar verließen, hingen nur noch ein paar zarte

Wölkchen am Nachthimmel und verschleierten mit ihrem feinen Gespinst den Mond. Es ging kein Wind, der sie hätte vertreiben können. Der Optiker spürte, wie der Alkohol angenehm sein Gehirn benebelte, als er den Kopf in den Nacken legte, um die Sterne zu betrachten.

Maria hakte sich rechts bei ihm ein. Seinen linken Arm bot er Teresa an, die ihrerseits ihren linken Ellenbogen Francesco entgegenstreckte. Der Optiker grinste, als Giulia ihren Arm unter Francescos Ärmel schob und ihre rechte Hand in Matteos Manteltasche schlängelte. Und so gingen sie Arm in Arm und unter wildem Gelächter in Richtung Via Roma, eine Menschenkette. Nur sie. Nur sie acht.

»He«, sagte der Optiker, stieß Marias Hüfte an und sah an Teresa vorbei zu Francesco. »Wie wär's, wenn wir morgen Abend eine Ausfahrt mit der *Galata* unternehmen würden, falls der Wind sanft bleibt? Dann könnten wir am Sonntagmorgen bei Sonnenaufgang auf dem Wasser erwachen. Ein kleiner Oktoberausflug?«

Zustimmendes Gemurmel wogte von einem Ende der Reihe zum anderen.

»Nur wir acht«, sagte der Optiker. »Wenn der Wind sanft bleibt.«

# EPILOG

Sie fragen mich, weshalb ich keine Interviews gebe. Sie fragen mich, weshalb ich diese Geschichte nur ungern erzähle. Aber wenn ich selbst noch immer nicht recht glauben kann, was sich zugetragen hat, wie sollen Sie es dann glauben? Verstehen können Sie es unmöglich. Nur wir acht können es wirklich verstehen. Sehen Sie, wir waren zu acht auf diesem Boot. Nur zu acht. Mit nur einem Rettungsring.

Ich hatte sie jeden Tag gesehen, aber nicht wirklich wahrgenommen. Ich hatte ihnen nicht die Hand gereicht. Im Fernsehen, in den Zeitungen, im Radio war über sie berichtet worden. Ich hatte ihre Stimmen hören können. Aber es hatte mich nicht gekümmert. Ich hatte ihnen nicht die Hand entgegengestreckt. Nicht bis zu jenem Tag.

Siebenundvierzig. Siebenundvierzig haben wir gerettet. Aber wir haben sie nicht alle retten können.

Ich habe nie versucht, ein Held zu sein. Was auf dem Wasser geschah, hat mich demütig werden lassen. Ich empfinde Demut. Ich erinnere mich nur an ihre Hände in den meinen, daran, wie ihre Finger sich mit den meinen verschränkten. Und natürlich erinnere ich mich an jene Hände, die mir entglitten.

Genau dann stellen sich wieder die Albträume ein. Die öligen, glitschigen Hände, die im Wasser verschwanden, die tierischen Schreie, die nicht von Möwen stammten, anfangs von den Wellen erstickt, dann von ihnen verschluckt. Sie verfolgen uns alle.

Ich war es, der an jenem Tag draußen auf See war. Und ich kann nicht ausschließen, dass ich es sein könnte, der auch morgen wieder draußen auf See ist. Es wird ein nächstes Mal geben, ein weiteres Boot. Es wird noch mehr Hände geben, noch mehr strampelnde Körper, noch mehr flehende Stimmen. Jedes Mal, wenn ich jetzt draußen auf See bin, halte ich nach ihnen Ausschau, mit prüfendem Blick und angehaltenem Atem.

# DANKSAGUNG

Danken möchte ich Carmine Menna, dem Optiker von Lampedusa, und seiner Frau Rosaria für ihr Vertrauen und ihre Bereitschaft, mit mir über den schwersten Tag ihres Lebens zu sprechen. Ihre Geschichte verfolgt mich, und ihr Mut inspiriert mich. Dank auch an Alessandra Maggiorani, die mich dem Optiker vorgestellt und mich so geduldig bis ans Ende dieser Reise begleitet hat.

Dieses Buch begann als Reportage für das Abendprogramm von BBC Radio 4, und mein Dank gilt Eddie Mair, Jo Carr und Emma Rippon, die sich stets für die Geschichte des Optikers eingesetzt haben. Auch dem Prix Bayeux-Calvados für internationale Kriegsberichterstattung bin ich zu Dank verpflichtet – er hat meine Reportage hervorgehoben und auf diese Weise meine glänzende Lektorin Jeanne PhamTran auf sie aufmerksam gemacht. Ihr danke ich für ihren Weitblick, ihre harte Arbeit und ihre Ermutigung.

Ich danke denjenigen, die mir bei den Recherchen für dieses Buch behilflich waren, vor allem dem Optometristen Rajeev Kurani, Gaim Kibreab, Efrem Gebreab sowie den Mitgliedern der Eritreischen Katholischen Gemeinde des Geez-Ritus »Holy Redeemer« in East Acton, London.

Mein Dank gilt meinen liebsten Freunden Janet Skeslien Charles und Sam Upton, die meine ersten Entwürfe mit solcher Begeisterung, Hingabe und Scharfsinnigkeit durchgesehen haben – ich schulde euch beiden so viel.

Und natürlich danke ich Denis Bernard für seine fortwährende Unterstützung und dafür, dass er stets an mich und dieses Buch geglaubt hat. Ebenso danke ich meinen wundervollen Eltern und A. B. – eure positive Energie und eure Liebe haben mir immer Kraft gegeben.